Découvrez des Jeux Gratuits en Ligne

Disponible Ici :

BestActivityBooks.com/FREEGAMES

5 ASTUCES POUR DÉMARRER !

1) COMMENT RÉSOUDRE LES MOTS MÊLÉS

Les puzzles sont dans un format classique :

- Les mots sont cachés sans espaces, tirets, ...
- Orientation : Les mots peuvent être écrits en avant, en arrière, vers le haut, vers le bas ou en diagonale (ils peuvent être inversés).
- Les mots peuvent se chevaucher ou se croiser.

2) UN APPRENTISSAGE ACTIF

Un espace est prévu à côté de chaque mots pour noter la traduction. Pour favoriser un apprentissage actif un **DICTIONNAIRE** à la fin de cette édition vous permettra de vérifier et étendre vos connaissances. Cherchez et notez les traductions, trouvez-les dans le Puzzle et ajoutez-les à votre vocabulaire !

3) MARQUEZ LES MOTS

Vous pouvez inventer votre propre système de marquage. Peut-être en utilisez-vous déjà un ? Sinon, vous pourriez, par exemple, marquer les mots qui ont été difficiles à trouver d'une croix, ceux que vous avez aimés d'une étoile, les mots nouveaux d'un triangle, les mots rares d'un diamant, etc...

4) STRUCTUREZ VOTRE APPRENTISSAGE

Cette édition vous offre un **CARNET DE NOTES** très pratique à la fin du livre. En vacances ou en voyage ou à la maison, vous pouvez facilement organiser vos nouvelles connaissances sans avoir besoin d'un second bloc-notes !

5) VOUS AVEZ FINI TOUTES LES GRILLES ?

Allez à la section bonus **CHALLENGE FINAL** pour trouver un jeu gratuit à la fin de cette édition !

Simple et Rapide ! Découvrez notre collection de livres d'activités pour votre prochain moment de détente et **d'apprentissage**, à juste un clic de distance !

Trouvez votre prochain défi sur :

BestActivityBooks.com/MonProchainLivre

À vos marques, prêts... Partez !

Saviez-vous qu'il existe environ 7 000 langues différentes dans le monde ? Les mots sont précieux.

Nous aimons les langues et avons travaillé dur pour créer les livres de la plus haute qualité pour vous. Nos ingrédients ?

Une sélection des thématiques d'apprentissage adaptée, trois belles parts de divertissement, puis nous ajoutons une cuillère de mots difficiles et une pincée de mots rares. Nous les servons avec soin et un maximum de plaisir pour vous permettre de résoudre les meilleurs jeux de mots mêlés qui soient et d'apprendre en vous amusant !

Votre avis est essentiel. Vous pouvez participer activement au succès de ce livre en nous laissant un commentaire. Nous aimerions vraiment savoir ce que vous avez préféré dans cette édition !

Voici un lien rapide qui vous mènera à la page d'évaluation de vos commandes :

BestBooksActivity.com/Avis50

Merci pour votre aide et amusez-vous bien !

De la part de toute l'équipe

1 - Été

ى	ي	ا	ق	ا	ج	ك	ا	س	ت	ر	خ	ا	ء
ع	ط	ل	ة	ص	ن	ص	ل	ل	أ	ل	ع	ا	ب
ؤ	ا	ك	ع	ح	ص	ت	غ	ع	ت	خ	ي	ي	م
ا	س	ت	ى	ا	ب	ى	و	أ	س	ر	ة	ط	ظ
ز	ل	ب	ث	ب	ح	ر	ص	ت	ت	ئ	ف	إ	د
خ	ل	ن	ح	د	ي	ق	ة	ج	ف	ك	ئ	ي	ض
ز	س	ا	ج	ا	ل	س	ف	ر	ط	ب	ز	ن	ه
إ	ب	ز	م	و	س	ي	ق	ى	ن	ا	د	ج	ة
ك	ا	ق	ئ	ض	م	ظ	ب	م	د	م	ظ	ئ	ص
ث	ح	ش	و	ش	ا	ط	ئ	ر	ؤ	ش	ث	ج	ن
س	ة	ك	ؤ	ب	ظ	د	ع	ح	ر	ر	ح	آ	ا
خ	و	ز	ذ	و	ق	ت	ق	ا	ش	ص	ض	ق	د
آ	ف	و	ر	ح	ز	ع	ب	م	م	ض	ق	ف	ل
ع	آ	إ	ش	و	آ	ح	س	ك	ة	ف	ع	و	آ

موسيقى
للسباحة
طعام
شاطئ
الغوص
استرخاء
صنادل
عطلة
السفر

اصحاب
تخييم
النجوم
أسرة
حديقة
ألعاب
مرح
الكتب
الترفيه
بحر

2 - Adjectifs #2

أ	ز	ث	ع	م	س	آ	ف	م	س	ؤ	و	ل	ي
ن	ص	ا	م	ا	ف	ذ	ب	و	ك	ة	ا	ظ	ز
ي	د	ل	غ	ى	ض	ط	س	ه	ث	ع	ض	م	ع
ق	ؤ	ج	ي	س	إ	ة	و	و	ف	خ	و	ر	ظ
ش	ق	د	ى	و	ن	ق	ي	ب	ز	ل	ق	و	ي
ط	ث	ي	ث	ذ	ت	ص	ن	ع	س	ا	ن	ر	ر
ب	إ	د	ب	ج	ا	ك	ز	ؤ	ل	ق	ع	و	أ
ي	ك	ر	ئ	ر	ج	ا	ف	ا	ر	إ	ط	ا	ة
ع	ق	ع	و	ت	ي	غ	د	ي	ا	م	ى	ة	ض
ي	م	ص	ج	ت	إ	ض	ل	آ	م	ش	ه	و	ر
د	ر	ا	م	ا	ت	ي	ك	ي	ش	ا	ذ	د	و
آ	آ	ض	ر	غ	غ	إ	ز	ل	و	ص	ل	ج	ص
ئ	ت	ن	ث	ج	ذ	ش	ا	ش	ق	ح	ج	ح	ف
ا	ع	ن	إ	ل	آ	ن	آ	د	ا	ي	ؤ	ط	ي

أصلي
مشهور
خلاق
وصفي
موهوب
دراماتيكي
أنيق
فخور
قوي
مشوق

طبيعي
الجديد
إنتاجي
نقي
مسؤول
صحي
مالح
بري
جاف
نعسان

3 - Exploration

ا	ل	س	ف	ر	م	س	م	ا	ك	ؤ	ك	ى	ي
ل	غ	ة	ص	ط	د	ة	ف	ت	ك	د	ى	ش	ش
إ	ث	ج	غ	ل	ض	ض	ب	ش	ن	ت	ب	ك	ف
ث	ق	ت	ش	ا	ي	ن	ة	م	ذ	ل	ش	س	ن
ا	ع	ل	ث	ى	ل	ت	ؤ	إ	ب	ح	ج	ا	ز
ر	ي	ص	إ	د	ز	ج	ع	ة	ث	ئ	ا	ا	ف
ة	ق	ح	ة	و	د	ؤ	د	ل	إ	د	ع	ل	إ
ا	ل	م	خ	ا	ط	ر	ن	ي	م	ن	ة	ح	ى
ع	ب	ص	ب	غ	إ	غ	ش	و	د	ب	ع	ي	د
ز	ر	ع	س	ك	ض	غ	ا	ف	ض	ا	ء	و	ا
م	ي	آ	ن	غ	ث	خ	ط	ب	ؤ	خ	س	ا	م
غ	ي	ر	م	ع	ر	و	ف	ف	ي	ظ	خ	ن	غ
ا	ل	ث	ق	ا	ف	ا	ت	ن	ئ	ر	ح	ا	ش
ا	ل	ت	ض	ا	ر	ي	س	ذ	إ	خ	ئ	ت	س

نشاط
الحيوانات
ليتعلم
شجاعة
الثقافات
المخاطر
اكتشاف
عزم
فضاء

الإثارة
نزف
غير معروف
لغة
بعيد
الجديد
بري
التضاريس
السفر

4 - Formes

ا	ت	ئ	ش	ر	ي	د	ت	س	م	ف	ز	ص	ة
د	ئ	ا	ز	ل	ا	ع	ط	ق	ل	ا	ق	ع	ظ
ة	ا	غ	ة	ئ	ل	ع	ى	ظ	م	ف	ة	ظ	ي
ط	ل	ذ	ر	ا	ج	ج	غ	م	ى	ك	ف	م	و
آ	ب	ة	ج	ض	ا	ج	م	ح	ك	ن	إ	ط	ب
ق	ي	ع	ق	م	ن	ص	ة	ن	ا	و	ط	س	ا
ا	ض	ب	ط	ث	ب	د	ظ	و	ب	ع	ك	م	ؤ
ر	ا	إ	ع	ل	ض	م	ذ	س	ى	ن	ؤ	خ	ى
ح	و	و	ر	ث	ي	ح	س	ف	ا	و	س	ر	خ
ع	ي	ى	ظ	ذ	ع	ب	ر	م	غ	إ	ؤ	و	إ
ت	ت	خ	ك	ك	و	ة	ن	ث	ش	ق	ص	ط	ه
ؤ	د	ط	ف	ا	و	ح	ض	ك	و	ن	ن	ك	ر
ظ	ف	ح	ؤ	د	ن	ع	د	س	ر	و	ش	و	م
ز	غ	ذ	ث	ى	س	ص	د	ل	ي	ط	ت	س	م

القطع الزائد
خط
البيضاوي
مضلع
موشور
هرم
مستطيل
مستدير
مثلث

قوس
حواف
مربع
دائرة
ركن
منحنى
مخروط
الجانب
مكعب
اسطوانة

5 - Adjectifs #1

م	ف	ن	ي	ع	ب	و	آ	خ	ن	ت	ر	ص	ة
ج	ت	ش	ة	ط	ث	ط	ة	ق	آ	ل	خ	ا	ف
خ	و	ط	س	ر	و	ى	ج	ض	ع	ل	ع	د	إ
ث	ي	ح	ا	ي	غ	ث	ي	ك	ض	ص	ئ	ق	ك
ل	ق	د	ز	ب	ج	ئ	غ	ر	ل	ة	ى	ص	ش
ج	ئ	ي	ع	ى	ق	غ	ر	ي	ب	ئ	ش	ن	إ
ا	إ	ث	ل	غ	م	ة	ط	م	و	ح	ا	ف	ص
م	ط	ل	ق	ر	ا	ل	ب	ر	ي	ء	ب	ؤ	ث
ج	ك	إ	ن	ق	ك	ا	م	ل	ظ	ئ	آ	ي	ذ
ث	ن	م	ص	ي	إ	ث	ح	ح	ج	ق	ك	ة	ث
ب	ر	ه	ي	ق	آ	ؤ	ف	ؤ	ك	ج	ذ	ا	ب
ا	ط	م	ف	ش	ؤ	ظ	إ	آ	ؤ	م	غ	ض	آ
ك	ف	ي	ئ	ك	ذ	خ	ج	ب	ى	ي	م	خ	ع
ل	ك	ظ	ء	ظ	ي	ى	ح	ل	ى	ل	ي	م	ة

مطلق
نشط
طموح
عطري
فني
جذاب
جميل
غريب
ضخم
كريم

صادق
متطابقة
مهم
البريء
شاب
بطيء
ثقيل
رقيق
حديث
كامل

6 - Instruments de Musique

ا	ل	م	ز	م	ا	ر	ب	م	ي	ج	ذ	ا	و
س	ل	ق	ر	ع	ك	ض	ي	ز	ط	ح	ذ	ل	ق
ظ	ج	ت	ي	ح	م	ا	ا	م	ض	ي	و	ت	ي
ل	ن	ع	ر	ث	ا	ى	ن	ا	ق	و	س	ش	ث
س	ك	ن	ظ	و	ن	م	و	ر	ض	ط	ط	ي	ا
ر	خ	ل	ل	ه	م	ض	ا	آ	ع	ئ	ت	ل	ر
ع	ة	ج	ي	ا	ة	ب	ش	ر	ي	ض	ح	و	ة
ط	ؤ	ج	ة	ر	ظ	و	و	ص	ي	ف	ي	ر	ز
ب	ب	ي	ث	م	إ	ك	ق	ن	د	م	إ	ن	ص
ل	ش	ن	م	و	ؤ	ح	ج	ة	ش	ب	ب	ب	ح
ا	ل	ب	ا	ن	ج	و	م	آ	ل	ت	ك	ا	ش
ب	ق	د	س	ي	م	ن	د	و	ل	ي	ن	س	ك
و	ظ	ش	و	ك	ب	ف	س	ا	ك	س	ف	و	ن
ق	ت	إ	ئ	ا	د	ف	ص	غ	ي	ر	غ	ن	ي

البانجو
باسون
مزمار
ناي
ناقوس
قيثارة
هارمونيكا
جنك
المزمار
مندولين

ماريمبا
قرع
بيانو
ساكسفون
طبل
دف صغير
الترومبون
بوق
كمان
التشيلو

7 - Échecs

م	ب	ن	ي	ل	ل	م	ج	ه	و	ل	ج	ل	ز
ل	ب	ب	ب	ز	ت	ل	ث	ل	ل	س	ع	ع	ز
ك	ك	ط	خ	ح	ت	ك	ذ	د	ا	ا	ج	ب	أ
ة	د	ر	ل	ت	ض	ح	ي	ة	ل	ج	ع	ه	ب
ر	ع	ا	ل	ن	ق	ا	ط	ط	ت	ق	إ	ب	ي
ئ	و	ع	ش	ا	ط	ك	غ	غ	ح	ش	س	د	ض
ا	آ	ش	ى	ع	ر	ق	ف	ا	د	د	ت	ف	ح
ب	ق	ص	س	ط	ي	ق	س	ل	ي	ذ	ر	ص	و
و	م	ن	ا	ف	س	ة	ح	خ	ا	ك	ا	ج	س
ي	س	د	ا	ل	و	ق	ت	ص	ت	ي	ت	ز	ز
ل	ي	ت	ع	ل	م	و	أ	م	ص	ش	ي	ب	ض
م	س	ا	ب	ق	ة	ا	ط	س	ظ	ا	ج	ث	ق
ئ	إ	آ	ق	إ	ز	ع	ئ	ؤ	و	ل	ي	م	ا
إ	غ	ش	ز	ن	ق	د	ت	ح	ص	د	ة	ض	د

أسود
مبني للمجهول
النقاط
ملكة
قواعد
ملك
تضحية
إستراتيجية
الوقت
مسابقة

الخصم
ليتعلم
أبيض
بطل
منافسة
التحديات
قطري
ذكي
لعبه
لاعب

8 - Herboristerie

ي	ن	ط	ض	ى	ع	ط	ف	س	ؤ	ي	ث	ؤ	ل
ز	ع	ف	ر	ا	ن	ز	ع	ت	ر	آ	و	و	غ
إ	أ	آ	ي	ل	م	م	ع	ط	ر	ي	م	إ	م
م	خ	ك	ح	ع	خ	ر	ا	ب	ق	د	و	ن	س
ن	ض	ر	ا	ن	ق	د	ل	ل	ذ	ف	ط	ش	ت
ك	ر	ش	ن	ص	خ	ق	ط	ح	ط	آ	س	ض	ن
ه	ز	ض	ي	ر	ز	و	ه	س	ب	ر	ر	ا	ض
ة	ض	ه	ط	ا	ا	ش	ي	غ	ك	م	خ	ج	ل
غ	ج	ن	ر	آ	م	م	ى	د	آ	س	ب	و	ؤ
ؤ	ي	ص	غ	ة	ى	ت	ف	ص	ر	د	ؤ	د	ن
ا	ل	ش	م	ر	ة	ح	د	ي	ق	ة	غ	ة	ع
ا	ئ	ئ	ل	ث	خ	غ	ل	ز	د	ل	ط	ذ	ن
إ	ك	ل	ي	ل	ا	ل	ج	ب	ل	ض	ج	ص	ا
ح	ل	ى	ك	ر	ش	ر	ة	غ	ؤ	ي	و	خ	ع

خزامى
مردقوش
نعناع
بقدونس
جودة
إكليل الجبل
زعفران
نكهة
زعتر
أخضر

ثوم
عطري
ريحان
مفيد
الطهي
الطرخون
الشمرة
زهرة
العنصر
حديقة

9 - Véhicules

ح	ج	ي	ذ	ض	ش	د	ذ	ق	ا	آ	ع	ل	ه
ف	ا	ل	ع	ب	ا	ر	ة	ا	ل	ك	ر	ك	ل
د	س	ف	ذ	ى	ل	ا	س	ر	م	ت	ر	و	ي
ي	ق	د	ل	ط	إ	ج	ي	ب	ك	خ	ذ	م	ك
ش	ا	ح	ن	ة	ط	ة	ا	آ	و	ح	ي	م	و
ن	ف	ر	ب	ز	ا	ط	ر	س	ك	و	ت	ر	ب
ى	ل	ط	ا	ئ	ر	ة	ة	ث	آ	ا	ص	ج	ت
ر	ة	و	ى	ظ	ا	ب	ز	ي	ظ	ض	ت	ن	ر
ش	ث	ف	ج	ؤ	ت	غ	إ	إ	إ	آ	آ	ث	س
م	ض	ع	ر	غ	آ	ي	ئ	ش	ق	ر	غ	ك	ق
ح	ح	ص	ا	ر	و	خ	ز	ؤ	س	ي	ب	س	ش
ش	س	ر	ر	س	ي	ا	ر	ة	إ	س	ع	ا	ف
ش	ت	ا	ك	س	ي	ي	ص	آ	ع	ذ	ب	ي	ش
ظ	ى	ت	ب	م	ك	ق	آ	ة	ق	ك	خ	د	د

سيارة إسعاف
طائرة
قارب
حافلة
شاحنة
قافلة
العبارة
صاروخ
هليكوبتر
مترو

محرك
المكوك
الإطارات
طوف
سكوتر
غواصة
تاكسي
جرار
دراجة
سيارة

10 - Camping

و	ص	ع	ؤ	ج	ط	ز	ح	ؤ	ة	ط	ط	ع	م
ذ	ن	ج	ن	ا	ج	ح	ب	ذ	ب	د	ف	غ	ع
ز	ا	ب	أ	ل	خ	ش	ل	ي	ة	ب	ا	غ	د
و	ر	ل	ر	م	ق	ر	ع	ز	ح	م	ن	س	ا
إ	ل	ى	ج	ق	إ	ة	ج	ي	ر	خ	و	خ	ت
ط	س	م	و	ص	ش	ض	ر	ة	ش	ل	س	ة	ش
م	ل	ق	ح	و	د	ة	ف	و	ة	ط	ي	ر	خ
ز	ئ	ب	ة	ر	ت	ا	ن	ا	و	ي	ح	ل	ا
غ	ف	ع	ز	ة	ق	ل	ذ	خ	ب	ز	ج	ى	آ
ذ	ذ	ة	م	ي	خ	ص	ب	ؤ	ف	ض	ظ	آ	ق
س	ئ	ة	ب	ت	إ	ي	و	ق	ر	و	ز	ل	ا
ز	إ	ذ	ظ	ق	ص	د	ص	آ	ش	آ	س	و	ك
ن	ذ	م	ك	ؤ	ر	ع	ل	ذ	إ	ض	ض	ح	ش
ص	ف	ك	ش	ذ	ى	ر	ة	ح	ط	ث	ص	ك	غ

نار
غابة
أرجوحة
حشرة
بحيرة
فانوس
قمر
جبل
طبيعة
خيمة

الحيوانات
مغامرة
بوصلة
المقصورة
الزورق
خريطة
قبعة
الصيد
حبل
معدات

11 - Conservation

خ	ذ	أ	ا	آ	ا	ة	ؤ	م	إ	ع	ص	إ	ا
ض	ف	خ	ل	ط	ل	ل	ى	ا	ر	ض	ك	ع	ل
ا	خ	ض	ص	ب	م	ن	ت	ء	ذ	و	ح	ا	ت
د	ل	ر	ح	ي	و	ظ	ش	ل	ف	ي	م	د	غ
ب	غ	ن	ة	ع	ئ	ز	إ	ي	و	إ	ش	ة	ي
ف	و	ى	ظ	ي	ل	ص	ن	س	إ	ث	ح	ا	ي
م	ب	ي	د	ا	ل	آ	ف	ا	ت	ز	آ	ل	ر
ل	ت	ل	ص	ز	م	ن	ا	خ	م	ك	ر	ت	ا
د	و	ر	ة	ؤ	س	ا	ت	آ	ى	ن	م	د	ت
ئ	ع	ر	خ	س	ت	ع	ل	ي	م	ع	ت	و	ك
ش	ص	ظ	ض	خ	د	ي	ن	ب	إ	ك	ط	ي	غ
ا	ص	ا	ك	ب	ا	ظ	ى	ذ	ي	ح	و	ر	د
ج	ع	ر	ذ	ط	م	ل	و	م	ظ	ئ	ع	ة	ل
ا	ل	ب	ي	ئ	ة	ص	ؤ	ئ	ظ	ض	ي	ز	ص

متطوع
التغييرات
مناخ
دورة
مستدام
ماء
البيئة
النظام البيئي
تعليم

الموئل
طبيعي
عضوي
مبيد الآفات
التلوث
إعادة التدوير
خفض
الصحة
أخضر

12 - Écologie

ش	ئ	م	ط	ر	ى	آ	ف	ف	ا	ف	ج	ظ	ا
س	ق	س	ب	ظ	ف	ق	ز	ل	ه	ج	ع	إ	ل
ا	ا	ت	ي	ا	ا	ؤ	م	ط	و	ى	ذ	ج	ح
ل	ب	د	ع	و	ن	ت	د	ا	ا	ة	ا	ذ	ي
ن	ج	ا	ة	ط	ط	ص	ل	ل	ر	ي	و	ؤ	و
ب	ذ	م	ب	و	ج	ح	ز	م	إ	ق	ت	د	ا
ا	ث	ي	ع	ر	ظ	ة	ا	و	ف	ق	ي	ص	ن
ت	ع	و	ي	ض	م	ا	ي	ئ	ؤ	ر	ن	ض	ا
ي	ن	ل	ا	ب	ج	ل	ا	ل	ة	ا	ج	ن	ت
ة	ب	ذ	ل	ع	ت	ب	ن	ت	ف	خ	ا	ن	م
ج	ا	ث	ل	ر	م	ح	آ	خ	ث	ط	ن	ا	ا
ة	ت	ف	ا	ئ	ع	ر	د	ر	ا	و	م	ل	ا
ف	ا	ل	ؤ	ص	ا	ي	غ	ث	ع	ك	ذ	ر	ض
ف	ت	ز	إ	ش	ت	ة	ع	ا	و	ن	أ	ل	ا

البحرية
الجبال
طبيعة
طبيعي
نباتات
الموارد
جفاف
نجاة
نوع
نبت

المتطوعون
مناخ
مجتمعات
تنوع
مستدام
الأنواع
الحيوانات
النباتية
الموئل
اهوار

13 - Astronomie

ك	ب	س	ج	ط	آ	ن	ص	ي	س	م	ش	م	م
ب	ك	و	ن	ض	ي	ا	ع	آ	ر	ح	ح	ق	ح
ص	س	ب	ت	ز	ر	ي	س	ص	ن	د	ز	ر	ض
ط	و	ر	ك	م	م	ط	د	ا	إ	ق	ف	ا	و
آ	ف	ن	و	ث	ت	ك	ي	ر	ش	ت	ث	ب	م
ا	ص	و	ن	ظ	ي	م	م	و	ة	ب	ك	و	ك
ل	ى	ف	ؤ	ئ	ك	س	ن	خ	ع	ا	ع	ش	إ
ا	خ	ا	ق	ص	ك	ل	ض	ذ	ح	ك	ا	ع	ك
ع	آ	ج	ز	ل	ث	ط	ط	ز	ة	ء	ا	م	س
ت	ن	ذ	س	ص	ب	ك	ي	و	ك	ل	ا	ئ	ش
د	أ	و	ذ	ت	ي	ك	ل	ف	م	ص	ج	د	ك
ا	ر	ن	ئ	ف	ش	ظ	ع	ق	خ	ج	ط	ط	و
ل	ض	ز	ي	خ	ل	ؤ	آ	م	ة	ذ	ق	غ	ك
ء	ا	ض	ف	د	ئ	ا	ر	ر	ؤ	آ	ض	ش	ب

نيزك	الكويكب
سديم	رائد فضاء
مرصد	فلكي
كوكب	سماء
إشعاع	كوكبة
شمسي	عالم
سوبرنوفا	كسوف
أرض	الاعتدال
مقراب	صاروخ
كون	قمر

14 - Types de Cheveux

م	أ	ي	د	ا	م	ر	ش	ي	د	م	م	ش	س
ض	ش	ث	ع	ل	ص	أ	ؤ	آ	ط	غ	ت	ى	ز
ف	ق	ذ	و	ا	ح	س	ذ	ق	ض	ج	آ	و	ر
ر	ر	ن	ب	م	ي	و	ف	ص	ع	غ	ث	ظ	ج
ؤ	ي	ا	د	ع	خ	د	ض	ي	ب	أ	ك	ص	ق
ة	ف	ع	ص	ى	ف	ط	د	ر	ن	ق	ي	ق	ر
ك	ي	م	س	س	و	ا	ب	ة	ي	ض	ق	ظ	ظ
ع	م	ة	ب	ت	ل	ا	ى	ح	ح	م	ث	ئ	م
م	ظ	م	ؤ	ش	ف	ا	ج	ج	ة	ؤ	ض	ت	إ
ج	ض	ض	ع	ز	ض	و	ي	ق	ع	ط	م	ج	ت
ع	ؤ	ر	ي	م	ة	ع	ض	ؤ	ن	و	م	ن	ل
د	ز	ط	ئ	ر	ظ	ذ	و	س	ج	ي	غ	ت	د
ز	م	ج	غ	ت	ؤ	ز	ن	ح	ئ	ل	ر	ش	غ
م	د	ذ	ئ	ى	ك	ق	م	ى	ت	ك	ن	ب	ز

فضة
أبيض
أشقر
تجعيد الشعر
لامع
أصلع
ملون
قصيرة
ناعم
سميك

مجعد
رمادي
طويل
بني
رقيق
أسود
متموج
صحي
جاف
مضفر

15 - Restaurant #1

ظ	ذ	ف	ؤ	ظ	ة	ق	ه	و	ة	ض	م	س	ط
ة	ش	ة	خ	ا	م	ن	ا	ة	ط	ب	ط	ك	ع
ب	ح	ص	ر	ا	ف	ا	و	ئ	خ	ؤ	ب	ي	ا
ع	ل	ف	ل	ع	إ	د	ع	ج	م	ن	خ	ن	م
د	و	ت	ص	ص	غ	ل	ا	د	ث	ة	ط	ب	ق
ث	ى	آ	ض	د	ة	ة	ء	ح	ا	ر	ض	إ	ز
ئ	ة	د	ص	ح	م	ق	ص	د	إ	س	إ	س	ت
ض	آ	ف	م	ل	ث	م	ع	ح	ؤ	ص	س	ق	آ
ع	ذ	ل	ط	ر	ت	ن	ز	س	و	ث	ك	ل	ط
آ	ح	س	ف	ك	ك	د	ج	ا	ج	ة	ك	ي	ح
ى	ظ	غ	ة	خ	ن	ي	ر	س	آ	ي	ى	ن	ر
غ	و	ط	ح	ع	ح	ل	و	ي	ث	ح	ل	ح	م
م	ك	و	ن	ا	ت	ف	ل	ة	و	ج	خ	ف	آ
ح	ف	ز	ظ	ظ	ظ	ذ	ي	ذ	ص	ز	ص	ئ	آ

قائمة
طعام
خبز
دجاج
حجز
صلصة
نادلة
منديل
لحم

حساسية
طبق
وعاء
قهوة
صراف
سكين
مطبخ
حلوى
حار
مكونات

16 - Mammifères

د	ع	خ	ث	ة	أ	ر	ص	خ	ز	ض	ح	ة	ذ
ا	و	ك	و	ز	ر	ا	ف	ة	ض	غ	م	ك	ض
ض	م	ل	ر	ك	ن	غ	ر	ز	ذ	و	ا	ق	آ
ئ	ج	ب	ف	ز	ب	ض	ق	ر	د	ر	ر	ل	ض
س	ز	ض	و	ي	ؤ	ذ	ط	ذ	ن	ي	و	ة	ح
ة	ب	ة	ك	ت	ن	ذ	ئ	ب	ع	ل	ح	ى	ا
خ	ث	ر	س	ح	ق	ض	ؤ	ع	ف	ا	ش	ة	ش
و	ج	ط	ب	م	ض	ظ	ئ	ا	ب	و	ي	ن	ن
ث	ى	أ	ف	ل	خ	ر	و	ف	ح	ض	ظ	س	ز
ن	ة	س	و	ي	ق	ح	ص	ا	ن	و	ض	ب	ظ
ظ	م	د	ص	ص	ش	آ	ى	ل	ز	ذ	ت	ط	ا
ظ	ن	ر	س	ئ	ض	ك	ى	ف	ل	ا	خ	ى	ر
ت	ن	إ	ا	ش	ى	ر	ص	ي	ف	ز	ن	ى	ى
ف	و	ك	ج	ذ	ئ	ب	ا	ل	ب	ر	ا	ر	ي

حوت
قط
حصان
كلب
ذئب البراري
دولفين
الفيل
زرافة
غوريلا
كنغر

أرنب
أسد
ذئب
خروف
يتحمل
فوكس
قرد
ثور
نمر
حمار وحشي

17 - Sports

ز	ح	ك	م	ت	غ	ض	ب	ش	ر	س	و	ت	ح
ا	ب	د	ل	د	ن	ه	و	ك	ي	ئ	ن	ؤ	ر
ل	س	ص	ع	ك	ر	س	ص	ت	ق	ع	ف	ح	ك
ز	ط	ص	ب	ل	ع	ب	ه	غ	م	ج	إ	ز	ة
ع	ص	ف	ك	ظ	ئ	ك	ر	ة	ا	ل	س	ل	ة
ج	غ	ى	ز	غ	ئ	ي	ق	ف	د	ر	ا	ج	ة
ل	ا	ع	ب	ي	غ	ى	س	ذ	ر	ي	ا	ض	ي
ل	إ	إ	م	ث	ط	ع	م	ذ	ف	ي	ا	ى	إ
س	ر	غ	ب	م	خ	ع	ك	ؤ	ة	غ	ق	ب	ؤ
ب	ذ	ر	ي	ا	ض	ة	ب	د	ن	ي	ة	ط	ج
ا	ت	خ	س	ظ	ع	خ	ض	إ	ذ	ج	ج	و	و
ح	إ	ى	ب	ل	ح	ب	خ	آ	و	ى	ص	ل	ل
ة	ب	ن	و	ح	ف	ا	آ	ز	ة	خ	خ	ة	ف
ظ	ط	ت	ل	خ	ا	ل	ف	ا	ئ	ز	ط	غ	م

حكم
رياضي
بيسبول
كرة السلة
بطولة
مدرب
فريق
الفائز
جولف

رياضة بدنية
هوكي
لعبه
لاعب
حركة
للسباحة
ملعب
تنس
دراجة

18 - Chocolat

د	ن	ه	ل	ا	ز	و	ج	إ	ؤ	ا	ص	ب	ز
غ	ك	ع	ث	ي	ر	ق	ج	ن	ث	و	ز	ي	ط
ر	ه	م	ع	ل	ض	ف	م	ر	ص	ن	ع	ل	ا
ي	ة	ض	ي	ف	ر	ح	ل	ا	غ	ك	ف	ل	ا
ب	غ	ا	ز	ل	ظ	ل	ا	ت	ا	ي	و	ل	ح
ا	ط	د	ج	ى	ج	و	ا	ل	ر	ز	ك	ظ	ث
ع	ح	ل	ؤ	ت	إ	ل	ل	ي	م	ا	ر	ك	ز
خ	ؤ	ل	ؤ	ي	س	ذ	خ	ج	ك	ف	ا	ت	ح
ق	و	أ	س	ك	ي	ا	ي	ا	ج	ر	إ	ج	غ
د	ق	ك	ر	ذ	ر	ل	و	ق	و	ح	س	م	ح
ي	و	س	ف	ئ	ا	م	ص	غ	د	ق	ى	ر	ج
ج	و	د	ى	ى	م	ذ	ف	ئ	ة	ئ	ت	ي	د
ج	ز	ة	ذ	ظ	ئ	ا	ة	ؤ	ف	ن	خ	ع	ص
آ	خ	ك	ص	ط	ش	ق	ض	ط	ص	ظ	خ	ى	ص

مفضل
المذاق
العنصر
جوز الهند
مسحوق
جودة
وصفة
نكهة
السكر

مر
مضاد للأكسدة
الحرفي
حلويات
الكاكاو
كراميل
لذيذ
حلو
غريب

19 - Mathématiques

ح	م	ه	ذ	ئ	و	ز	ظ	غ	ع	ر	ز	إ	د
ض	ر	ن	ا	ع	و	م	ج	م	ك	ص	و	خ	ق
و	ب	د	غ	د	س	ق	و	ة	ل	د	ا	ع	م
ف	ع	س	ذ	ت	آ	د	ئ	ع	ؤ	ر	ي	و	ض
د	ب	ة	ط	ق	ي	ر	د	ش	أ	ب	ا	م	ل
ت	ا	ي	ت	خ	ذ	ج	غ	ر	س	ز	ذ	ك	ع
ن	ل	ل	ت	ي	إ	ا	آ	ي	ت	و	ص	ل	ا
ا	أ	و	د	ذ	ج	ت	ل	ث	ن	ش	و	ط	ب
ظ	ر	آ	ئ	ر	ز	ا	ن	ب	إ	ص	خ	و	ز
ر	ق	ب	ا	س	ح	ج	ل	ث	غ	و	ر	ط	ق
م	ا	ط	ض	ت	س	ز	ء	ز	ج	د	ئ	س	ز
ن	م	س	ظ	ث	ل	ث	م	ى	ث	غ	خ	ذ	م
ك	خ	ح	ن	خ	ض	إ	ض	ت	إ	ح	م	ئ	ب
ؤ	ع	ن	خ	ن	خ	ط	ي	ح	م	ج	ز	ص	ة

هندسة
الأرقام
مواز
عمودي
مضلع
مستطيل
مجموع
تناظر
مثلث
الصوت

زوايا
حساب
مربع
محيط
درجات
عشري
قطر
أس
معادلة
جزء

20 - Mythologie

ا	م	ح	ظ	ذ	ة	ر	و	ط	س	أ	ا	ر	ج
ن	خ	ؤ	ط	ش	ك	خ	ج	ز	ذ	م	ل	ع	إ
ت	ل	ط	ب	ؤ	إ	د	و	ل	خ	س	م	د	ج
ق	و	ر	ة	ش	ا	ا	د	ل	ذ	ث	ع	ظ	س
ا	ق	ق	ض	ى	آ	خ	ز	ق	ذ	ة	ت	ث	ذ
م	ح	و	ي	ر	ح	س	ت	ي	م	م	ق	ز	آ
ع	ا	ة	خ	ش	غ	ك	و	ل	س	ا	د	إ	ى
ق	ش	ل	ا	ض	ب	ف	ش	ح	ف	آ	ا	ص	ق
و	ق	ب	ى	ة	ض	ز	ؤ	ة	ه	ا	ت	م	ل
إ	ظ	ط	ت	ك	ك	ى	ض	ث	خ	ظ	ف	ذ	آ
ر	ؤ	ل	د	ع	ا	ق	و	ة	و	س	ر	ز	ط
ل	ط	ة	ن	إ	ر	ر	س	ى	ت	ك	ع	ظ	ا
د	ئ	ا	د	ت	ث	ز	س	ب	ر	ا	ح	م	ف
ة	ل	آ	ت	آ	ة	ة	ر	ي	غ	ل	ا	خ	آ

بطل
خلود
الغيرة
متاهة
أسطورة
سحري
مسخ
مميت
رعد
انتقام

كارثة
سلوك
خلق
مخلوق
المعتقدات
ثقافة
برق
قوة
محارب
بطلة

21 - Restaurant #2

ع	ش	ا	ء	غ	ى	ف	ش	ا	ئ	ب	ي	ض	ك
ق	و	م	ل	ع	ق	ة	ئ	د	ن	د	د	ر	ؤ
ث	ك	ة	ط	غ	ض	ب	ر	ز	ك	د	ط	ي	ا
ح	ة	ذ	ض	ب	ي	و	و	س	ط	غ	ى	ى	ل
ة	ئ	ز	م	ا	ل	ن	ا	د	ل	ى	د	ق	م
م	خ	ر	ث	ص	ك	ق	د	م	ذ	ط	ذ	ظ	ع
آ	ض	ج	ت	و	ا	ب	ل	ل	ي	ل	ة	ج	ك
ئ	ر	ب	ل	س	م	ك	آ	ح	ذ	ع	خ	و	ر
ف	و	ظ	ض	ي	ؤ	ؤ	ث	ز	ط	ث	ة	ك	و
م	ا	ء	د	غ	د	ا	ء	إ	ب	ر	ر	ر	ن
ش	ت	ك	ؤ	ط	م	ح	س	ا	ء	ئ	ح	س	ة
ر	إ	ي	ه	م	د	ت	ق	ئ	غ	ؤ	آ	ي	ز
و	ر	ك	غ	ة	ي	ط	ع	ط	ب	ة	ص	ك	ب
ب	ح	غ	ذ	ن	ث	ل	ب	إ	إ	و	ح	ي	م

كيك
جليد
خضروات
المعكرونة
بيض
سمك
سلطة
ملح
النادل
حساء

مشروب
كرسي
ملعقة
غداء
لذيذ
عشاء
ماء
توابل
شوكة
فاكهة

22 - Couleurs

ر	أ	ص	ف	ر	د	ح	د	أ	ب	ي	ض	ذ	آ
ق	م	آ	ذ	ق	ن	ذ	ق	و	ر	د	ي	د	آ
ح	ج	ا	ذ	ب	ئ	ى	ى	أ	ت	س	ث	ظ	و
ب	ف	س	د	ن	ن	ص	ع	ز	ق	ة	س	ي	إ
ح	إ	ؤ	ن	ي	ل	ي	ز	و	ا	ا	ت	س	م
ق	ر	م	ز	ي	ف	ظ	د	ر	ل	آ	ي	ن	س
آ	ظ	ى	ى	ث	ع	ظ	ك	ا	ي	ة	د	ث	ي
غ	إ	ك	أ	ز	ر	ق	ي	ف	ك	ب	ؤ	ك	ع
د	ا	ز	ر	ق	س	م	ا	و	ي	ن	ط	ش	ك
ص	غ	ب	ج	د	ئ	ي	آ	ش	إ	ف	د	ع	ذ
أ	ك	ع	و	أ	س	و	د	ي	ب	س	و	غ	و
خ	ب	ن	ا	ث	ح	ل	ح	ا	ق	ج	ظ	د	ب
ض	ي	ج	ن	ا	ط	م	ص	ة	ك	ر	إ	ر	ك
ر	ج	ف	ي	م	ا	ت	ر	ح	غ	ع	ر	ة	ظ

أزور
بيج
أبيض
أزرق
قرمزي
ازرق سماوي
فوشيا
رمادي
نيلي
أصفر

بني
أسود
برتقالي
وردي
أحمر
بني داكن
أخضر
أرجواني
بنفسج

23 - Avions

ا	ص	ل	ط	ع	س	ه	ب	و	ط	ط	ا	إ	ل
ض	ل	ج	ش	ذ	ك	ا	ت	ت	ح	ة	ل	ي	خ
ط	د	غ	ي	ة	ؤ	ض	غ	ن	ئ	ض	ت	إ	ذ
ر	د	آ	ل	ض	د	ق	آ	ع	غ	ئ	ا	إ	ر
ا	ا	ت	ج	ا	ه	د	د	ا	ا	غ	ر	ر	غ
ب	ف	ص	ذ	ش	ف	ي	ص	خ	ر	ل	ي	ا	آ
ب	ا	ل	و	ن	ي	ا	د	غ	خ	ت	خ	ك	ز
ت	ظ	د	ر	ا	ر	س	ل	ر	آ	ع	ف	ب	ث
ض	و	ب	ئ	ي	ذ	م	ه	ج	و	آ	د	ا	ز
خ	ا	ج	خ	م	ئ	ا	و	خ	و	ج	ى	ئ	ع
م	غ	ا	م	ر	ة	ء	ا	ل	ق	ي	ي	ب	ط
ظ	ل	ف	ح	ا	و	إ	ء	ف	و	ج	ذ	ن	ل
ط	ي	ا	ر	و	ط	ا	ق	م	د	ذ	ز	ا	ع
ل	ا	س	ك	ح	س	ث	ن	غ	غ	ب	ز	ء	س

هواء
الغلاف الجوي
هبوط
مغامرة
بالون
وقود
سماء
بناء
اصل
اتجاه

طاقم
تضخم
ارتفاع
مراوح
التاريخ
هيدروجين
محرك
راكب
طيار
اضطراب

24 - Aventure

إ	ي	ض	ل	ا	إ	ى	م	ة	ج	ا	آ	ن	ع
ش	ج	ا	ع	ة	ح	ى	س	ص	ا	ل	ئ	ش	ح
ف	ر	ص	ة	ش	م	ح	ا	ض	ل	م	ا	ا	ص
ن	ظ	ث	ش	ي	ا	ف	ر	د	س	ل	ل	ط	ق
إ	ص	ط	و	ث	س	ح	ا	ث	ف	ا	ج	س	ر
س	ح	ي	ص	ش	آ	ذ	ل	ج	ر	ح	د	ش	غ
غ	ي	ر	ع	ا	د	ي	ر	ع	أ	ة	ي	ث	و
خ	ئ	ص	و	ج	ه	ة	ح	ى	ق	ة	د	ا	و
ا	ل	ا	ب	خ	و	ض	ل	غ	أ	م	ن	ن	ع
س	ش	ط	ة	م	خ	آ	ة	ت	خ	ر	ث	ج	خ
ا	ل	ت	ح	د	ي	ا	ت	ث	ح	ط	د	ز	ث
ا	ن	ح	ر	ا	ف	خ	س	ح	ؤ	ض	ي	م	م
ط	ب	ي	ع	ة	خ	ن	ت	ز	ذ	ج	ي	ر	ر
ئ	خ	ف	ح	ج	ل	ر	آ	ج	م	ا	ل	ر	ح

نشاط	غير عادي
جمال	مسار الرحلة
شجاعة	مرح
فرصة	طبيعة
خطير	الملاحة
وجهة	الجديد
التحديات	تحضير
صعوبة	أمن
حماس	مفاجأة
انحراف	السفر

25 - Ville

ق	ش	ب	ج	ى	ن	ع	ص	ة	ح	م	ص	ا	س
ئ	غ	ظ	ى	ص	ل	ي	ذ	خ	د	ع	ؤ	و	ة
ج	ل	ع	ص	ا	د	ا	غ	إ	ث	و	ق	ة	س
م	م	س	ق	ل	و	د	ف	ص	ز	خ	إ	ئ	ي
ع	ط	و	ي	و	ن	ة	م	ي	خ	ك	ئ	ر	ن
ر	ع	ة	ا	ن	ض	ص	س	ط	خ	ب	ع	ل	م
ض	م	ت	ك	ر	ا	م	ر	ب	و	س	ي	س	ا
ك	د	ب	ؤ	ح	ذ	خ	ح	ة	ع	م	ا	ج	ف
ة	ر	ج	و	ك	ن	ب	ل	ف	ت	ع	ح	ن	غ
ت	س	ض	ر	و	ه	ز	ق	س	ن	م	د	ن	ل
ؤ	ة	د	د	ي	ر	ا	ط	م	إ	ق	س	س	إ
ئ	م	ة	ة	ب	ت	ك	م	ت	د	ط	ح	ك	ز
ج	ة	إ	ر	ن	ا	و	ي	ح	ة	ق	ي	د	ح
ع	ا	ض	ن	ف	ك	ث	ز	ف	ب	ؤ	خ	ج	ت

مطار
بنك
مكتبة
مخبز
سينما
عيادة
مدرسة
منسق زهور
معرض
فندق

سوق
متحف
صيدلية
مطعم
صالون
ملعب
سوبر ماركت
مسرح
جامعة
حديقة حيوان

26 - Cuisine

ت	غ	ض	إ	س	آ	آ	ط	ط	ش	إ	و	ك	ر
ح	ز	ا	و	ك	م	ب	غ	ظ	ئ	ى	ق	خ	ق
ح	خ	أ	ع	ا	ف	د	آ	ظ	إ	ب	ر	ي	ق
ز	ش	ك	ا	ك	آ	ك	ض	ف	ض	ث	ق	غ	ث
ض	ذ	و	ء	ي	ف	ت	آ	ؤ	ط	م	س	و	ل
و	ض	ا	ا	ن	ا	ل	م	ل	ا	ع	ق	ض	ا
ص	ش	ب	ب	ي	ن	ك	ن	ت	ف	ت	ا	ج	ج
ف	ك	ة	إ	ؤ	ة	ؤ	د	و	ط	و	ل	م	ة
ة	ش	ج	س	ق	ع	م	ي	ض	س	ا	ش	ى	م
م	غ	ر	ف	ة	ق	ج	ل	ي	ن	ب	و	ن	ى
ج	ف	ة	ن	ر	ي	م	ب	ط	غ	ل	ك	ة	ب
ط	ث	غ	ج	آ	ن	د	م	ئ	ز	ر	ن	ئ	ن
غ	ل	ا	ي	ة	ت	ل	ذ	ظ	ش	ت	ي	ا	ع
ع	ي	د	ا	ن	م	ح	ى	غ	و	ص	ض	ب	ى

الشوك
شواية
مغرفة
طعام
جرة
وصفة
ثلاجة
منديل
مئزر
أكواب

عيدان
وعاء
غلاية
مجمد
سكاكين
إبريق
الملاعق
توابل
إسفنج
فرن

27 - Gentillesse

ذ	ف	آ	ق	ك	ؤ	و	س	م	ض	ن	ى	و	و
ي	ت	ش	ك	ث	إ	و	خ	ف	ش	ؤ	ى	ز	ح
ف	آ	ؤ	ب	آ	ك	ص	ئ	ي	ط	ب	و	ش	و
م	و	ث	و	ق	ب	ه	ا	د	ة	ل	ا	ظ	ق
إ	ة	و	و	ث	م	ل	ظ	د	س	ط	ز	ت	ت
ئ	د	ى	خ	خ	ن	س	ج	ج	ز	ي	ف	ه	م
ا	د	ي	م	ح	ت	ر	م	ظ	ط	ف	ع	ق	ح
ك	د	س	ت	ق	ب	ل	ا	خ	ل	ب	ف	ة	ب
ض	ر	ع	س	ح	ه	ب	ح	ص	ا	د	ق	ج	ص
م	ض	ي	ا	ف	أ	ة	ظ	ن	ت	ص	ز	ل	ة
ح	ط	د	م	و	ص	ب	و	ر	و	ر	ح	ي	م
ض	د	ط	ح	ر	ل	ي	خ	د	ض	ن	خ	ص	ذ
ئ	ذ	س	ى	ح	ي	إ	ع	ث	ي	ت	ة	ة	ب
د	ا	ا	ؤ	ط	ة	ي	ظ	ز	ئ	د	ئ	ة	غ

كريم
سعيد
صادق
مضياف
صبور
محترم
تقبلا
متسامح
مفيد
حنون
محب
ودي
منتبه
أصلي
رحيم
فهم
لطيف
موثوق بها

28 - Corps Humain

ت	ش	ئ	و	ف	ا	ى	ص	ص	خ	ع	ك	ق	ت
ث	ا	ض	ؤ	ز	ل	و	ل	ل	ث	س	م	ل	ر
ة	ل	ئ	إ	ز	م	ج	ذ	ك	و	ع	ظ	ب	ك
آ	د	إ	ص	ب	ع	ج	غ	ت	ج	ت	ذ	ص	ن
آ	ر	ى	ح	ت	د	ج	آ	ف	ه	ن	ظ	ض	و
ظ	ص	ى	أ	ة	ة	ث	ح	ذ	ق	ن	ش	ى	م
ك	خ	د	ذ	ن	و	ب	ض	ب	خ	ط	ط	ظ	ض
ف	ظ	ت	ز	ج	ف	ن	س	ة	ؤ	إ	ر	ث	ط
ن	ط	ى	ث	ل	ظ	ل	ط	ذ	م	س	ذ	ظ	ي
ر	ك	ب	ة	د	ج	ع	ث	د	ح	ث	ذ	ذ	ذ
ئ	ن	ر	ت	م	ا	د	ع	م	ك	ا	ح	ل	ح
ي	د	أ	ق	ك	ر	ق	ة	ا	ل	ش	ف	ا	ه
س	ؤ	ذ	و	ب	و	و	د	غ	ظ	ئ	ك	م	ف
ذ	ى	ن	ط	و	ة	ذ	ط	ز	ش	ل	آ	ذ	د

فم
دماغ
كاحل
رقبة
كوع
قلب
إصبع
المعدة
كتف
ركبة

الشفاه
يد
فك
ذقن
أنف
أذن
جلد
دم
رئيس
وجه

29 - Épices

ب	ز	ع	ف	ر	ا	ن	ي	ز	ن	ح	د	ى	ر
ج	ص	ا	ل	ش	م	ر	ة	ن	ك	ا	ر	ي	ض
ع	خ	ل	ع	ن	ف	غ	ذ	ج	ه	م	ل	ح	ث
ع	ق	ر	ف	ة	و	ش	ئ	ب	ة	ض	ز	ف	إ
ض	ر	ى	ج	ث	إ	ئ	ظ	ي	ط	ث	ن	ا	ش
ق	ظ	ق	ز	ك	ط	ي	ك	ل	ف	م	ح	ن	ؤ
ؤ	ة	ظ	ا	ن	م	ض	ص	ح	ص	و	ب	ي	ص
خ	ت	ر	ف	ل	ف	ل	أ	ح	م	ر	ا	ل	ظ
س	و	ا	ل	و	س	ث	ذ	ج	خ	س	ل	ا	ة
ق	ق	م	ف	ئ	ث	و	م	ص	ك	ص	ه	ن	ط
م	ش	ح	ل	ث	ث	ج	س	ض	د	ئ	ا	ك	ر
ح	ر	ك	ز	ب	ر	ة	ة	م	ئ	ض	ل	م	و
ة	ع	ص	ة	ا	ل	ي	ا	ن	س	و	ن	و	ر
ج	و	ز	ة	ا	ل	ط	ي	ب	ش	ا	ص	ن	ر

حامض
ثوم
مر
اليانسون
قرفة
حب الهال
كزبرة
كمون
كاري
الشمرة

زنجبيل
جوزة الطيب
بصل
فلفل أحمر
فلفل
عرق السوس
زعفران
نكهة
ملح
فانيلا

30 - Science

ط	ذ	ج	ع	ي	ض	ق	س	إ	ذ	ث	ص	ض	ج
ط	ر	ز	ي	و	د	ؤ	غ	م	ئ	ش	غ	ث	ح
ب	ة	ي	ل	ف	ر	ض	ي	ة	ل	ئ	ث	ز	ق
ي	ل	ئ	ق	ع	ح	ج	ا	ذ	ب	ي	ة	ت	ي
ع	ك	ا	ع	ة	ز	ع	ر	ت	ج	ر	ب	ة	ق
ة	ل	ت	ط	و	ر	ا	و	ر	ا	ا	ا	ش	ة
ى	غ	خ	ا	ط	آ	ل	ى	ح	ل	ل	ل	ظ	ا
ر	ص	خ	ك	غ	ا	ب	ظ	ي	ف	م	ج	م	ل
ض	ت	ن	ب	ز	ة	ي	ي	ع	ي	ر	س	د	م
ل	ح	ب	خ	آ	م	ا	ط	ا	ز	ا	ي	ا	ع
س	ن	ا	ض	ج	ا	ن	ن	ل	ي	ق	م	ة	ا
م	خ	ت	ب	ر	غ	ا	ا	م	ا	ب	ا	ز	د
م	ؤ	ا	ض	ح	إ	ت	ت	خ	ء	ة	ت	ي	ن
ة	ض	ت	د	ر	ح	خ	ص	ك	ذ	ذ	ر	د	غ

ذرة
مناخ
البيانات
تجربة
تطور
حقيقة
حفرية
جاذبية
فرضية
مختبر

طريقة
المعادن
جزيئات
طبيعة
المراقبة
الجسيمات
الفيزياء
نباتات
عالم

31 - Chats

ظ	ؤ	ش	ض	ل	ا	ك	ف	م	خ	ل	ب	ز	ق
ت	ش	خ	ج	و	ل	ذ	ض	ب	ج	ؤ	ئ	م	ل
ل	خ	ؤ	ك	د	ل	ي	و	س	ر	ن	و	م	ي
ع	ص	إ	ش	غ	ز	ل	ل	ر	آ	ي	و	ص	ل
و	ي	ث	م	ص	د	ا	ي	ع	م	آ	ا	ن	ا
ب	ة	ط	ر	ض	ئ	ط	ؤ	ة	س	ي	ث	ة	ف
ث	س	د	ج	ئ	ح	ر	ل	غ	ت	خ	د	ذ	ن
ى	ئ	ئ	ظ	ى	ن	ك	و	و	ق	و	ص	د	ل
ى	إ	م	آ	ت	و	ك	ش	ى	ل	ك	ي	ق	ي
ز	و	ؤ	ص	ل	ن	ي	ا	ف	أ	ر	ا	ك	ذ
ل	ف	ر	و	ب	ي	ا	ت	و	ى	م	د	ث	ع
خ	آ	ث	س	ك	ع	س	ذ	م	ذ	ة	خ	إ	ر
ث	ئ	ط	إ	ص	و	ص	ب	ت	غ	ى	ر	ج	خ
ث	س	ك	ث	ت	ى	م	م	ق	ت	ف	ظ	ث	ق

حنون
صياد
فضولي
نوم
مضحك
لعوب
غزل
مجنون
فرو

مستقل
مخلب
شخصية
قليلا
ذيل
بسرعة
بري
فأر
خجول

32 - Vêtements

ظ	آ	ق	ف	ا	ز	ا	ت	و	ش	ا	ح	ح	ئ
ق	ب	ع	ة	ض	س	ذ	ق	م	ي	ص	ظ	ذ	ع
ل	ل	ث	ث	و	ت	و	ذ	ئ	ت	ك	ش	ا	ب
ا	و	غ	ا	ك	ر	ص	ا	ز	ق	ي	م	ء	ل
د	ز	ق	ت	ج	ة	ؤ	ن	ر	ق	غ	غ	ص	س
ة	ة	و	آ	ل	ش	ح	ز	ا	م	ع	ط	ف	خ
ا	ل	س	ت	ر	ة	ف	ج	ة	د	ك	ر	س	ع
م	ف	س	ت	ا	ن	ج	ي	ب	ة	ل	ح	د	ن
س	ح	ذ	ل	ب	ا	س	ن	و	م	ن	ك	ي	ر
ب	ر	ع	ة	ت	ى	س	ز	ض	و	ت	ر	خ	ت
خ	م	و	ن	ق	ق	د	ى	ن	ض	غ	غ	ا	ج
ك	ط	ص	ا	إ	غ	ل	غ	س	ة	ت	ذ	إ	د
ة	غ	د	ع	ل	ض	و	ص	ض	ك	ص	ص	ط	ص
ة	آ	ل	ن	س	س	ج	س	ت	ن	و	ر	ة	ث

سوار
حزام
قبعة
حذاء
قميص
بلوزة
قلادة
وشاح
قفازات
جينز

تنورة
معطف
موضة
سروال
سترة
لباس نوم
فستان
صنادل
مئزر
السترة

33 - Arts Visuels

ح	ى	ع	م	ش	ل	ا	د	د	د	ج	ح	ص	و
ا	ئ	ب	ى	ذ	ل	ت	ش	ع	ن	ا	ي	و	ن
م	ا	ف	خ	ل	م	ح	ف	ت	د	ف	ذ	ر	د
ل	ص	ا	و	ا	إ	ف	ن	ي	ذ	ل	ف	ة	ن
ط	ئ	ح	ث	د	ع	ة	ا	ر	ا	خ	ف	ل	ا
ق	ة	ن	ي	ط	ل	ذ	ن	ك	ش	ي	ن	ر	و
ط	ع	ل	م	ل	ق	ز	ز	ت	إ	ع	ا	ؤ	م
آ	ة	ي	ر	ا	م	ع	م	ة	س	د	ن	ه	ت
و	خ	د	ق	ر	و	ظ	ن	م	ف	ق	خ	ك	س
ة	د	ر	ي	ش	ا	ب	ط	ي	آ	ت	و	ى	م
ع	ا	د	ب	إ	ل	ا	ل	ح	ى	ي	ذ	ك	م
ك	خ	ح	ص	ى	ن	م	س	آ	ن	ج	ت	س	م
ط	ط	ح	و	ح	ح	ق	ف	ش	د	ى	س	ة	آ
ث	ب	ح	ى	ز	ت	س	ة	ج	آ	ب	ض	ا	ص

الإبداع
فيلم
اللوحة
منظور
صورة
الفخار
النحت
قلم
ورنيش

هندسة معمارية
طين
فنان
فحم
تحفة
حامل
الشمع
تكوين
طباشير

34 - Méditation

س	آ	ؤ	غ	ب	ر	ن	ب	غ	ط	ة	و	ظ	و
ح	ل	ا	ل	م	و	ق	ف	ت	ى	ز	ف	ر	ق
و	ط	ا	ل	م	ن	ظ	و	ر	ش	د	ت	ؤ	ف
ق	ط	ش	م	س	ت	ي	ق	ظ	ح	ى	ى	ؤ	غ
ق	ب	و	ل	ث	ن	ض	غ	ق	م	ن	ز	ئ	آ
ش	ه	ع	ق	ل	ي	ا	ل	ع	و	ا	ط	ف	ا
ك	ش	د	ك	ك	ج	آ	و	ط	س	ل	ب	س	ن
ر	ض	و	و	ط	ق	ض	ض	ع	ي	م	ي	ا	ت
ئ	م	د	ع	ء	ا	ئ	و	ط	ق	ر	ع	ل	ب
ا	ل	ل	ط	ف	خ	ل	ح	ف	ى	ا	ة	ص	ا
ع	ا	ز	و	ظ	ث	و	ت	ف	ى	ق	ر	م	ه
ة	آ	ق	ق	ح	ر	ك	ة	ن	ر	ب	ا	ت	ص
ا	ل	ع	ا	د	ا	ت	ة	ز	ف	ة	ع	ص	ى
ك	د	ل	ظ	ق	ث	ا	ذ	ق	ط	س	غ	ث	غ

قبول	عقلي
انتباه	حركة
هدوء	موسيقى
وضوح	طبيعة
عطف	المراقبة
العواطف	سلام
مستيقظ	المنظور
اللطف	الموقف
شكر	التنفس
العادات	الصمت

35 - Littérature

ك	م	د	ئ	ب	غ	ز	إ	ز	ي	ر	ع	ا	ش
ث	و	ش	ط	ق	ت	ل	ي	غ	ة	ا	س	أ	م
إ	ض	ر	س	ك	د	ى	ق	م	ب	ت	و	د	ز
ؤ	و	ف	ع	خ	ش	ق	ا	ق	ع	ح	ك	غ	ز
ع	ع	ل	ر	م	و	ة	ع	ا	ظ	ل	ز	ي	ب
ح	ص	س	ة	ي	ا	و	ر	ر	ذ	ي	ر	س	ة
ئ	ر	ا	و	ح	ل	ة	أ	ن	ر	ل	آ	إ	ك
ع	خ	ص	و	ك	ت	إ	ي	ة	ش	ل	ذ	ظ	ق
ة	ف	ص	ف	ا	ت	ا	ج	ا	ت	ن	ت	س	ا
ط	ذ	إ	ش	ي	ف	ل	ؤ	م	ع	م	ن	ل	ف
خ	آ	ش	إ	ة	ض	ق	ق	ذ	آ	ط	ر	ي	ي
ي	ف	ط	ر	د	ز	ي	ص	ح	و	ا	ة	غ	ة
ا	ة	د	ي	ص	ق	ا	ش	ق	و	غ	م	ل	ب
ل	ت	ز	خ	ى	س	س	ذ	ي	ق	ظ	ل	ط	ر

الراوي
رأي
قصيدة
شاعري
قافية
رواية
إيقاع
نمط
موضوع
مأساة

القياس
تحليل
حكاية
مؤلف
مقارنة
استنتاج
وصف
حوار
خيال
استعارة

36 - Nourriture #1

ح	ن	ث	ث	ص	ح	ق	و	م	ك	ك	و	ذ	ع
س	ق	ق	ب	ب	خ	ر	ط	ت	ق	ع	ن	ش	ذ
آ	إ	ط	ص	م	ح	ف	ؤ	ة	ل	و	ا	ر	ف
ث	ت	ة	ل	ق	ب	ة	ة	و	ه	ق	ل	ى	ط
ص	و	ظ	ؤ	ت	ك	ص	ف	ل	ف	خ	س	ر	ذ
ئ	ن	ز	ح	ى	آ	ء	ا	س	ح	ق	ك	ح	ى
ض	ل	ك	م	ص	ض	ل	ة	ط	ل	س	ر	ز	ج
ذ	ح	ن	ا	ح	ي	ر	ن	ر	ي	ع	ش	ئ	ك
ت	م	ز	ض	م	إ	ذ	و	ج	ب	ض	ق	ر	م
ة	ب	ئ	و	ث	ى	د	د	ل	ع	غ	ى	آ	ث
س	ن	ن	و	ؤ	ض	ر	ي	ص	ع	م	ز	ق	ر
س	ص	م	ح	ك	ج	ق	ت	ف	ل	ؤ	ا	ئ	ى
ب	ل	ة	ن	و	ت	ئ	ذ	ح	خ	ن	ا	ب	س
ص	ى	ظ	ش	ذ	ط	ل	ا	ش	ل	م	ئ	ا	د

لفت
بصل
شعير
كمثرى
سلطة
ملح
حساء
السكر
تونة
لحم

ثوم
ريحان
قهوة
قرفة
جزر
ليمون
سبانخ
فراولة
عصير
حليب

37 - Jours et Mois

ظ	ا	ف	ض	ث	و	غ	ع	ظ	ى	غ	ا	ا	ا
ظ	ل	آ	ب	ط	ي	ث	ط	أ	ز	ن	ل	ل	ل
ش	خ	ئ	س	ر	م	ذ	و	ك	ذ	ا	س	أ	ج
إ	م	ج	آ	ش	ا	ا	ض	ت	ض	ل	ب	ح	م
ي	ي	ج	ة	ه	ر	ي	و	و	غ	ا	ت	د	ع
آ	س	خ	غ	ر	س	ط	ر	ب	ش	ث	ض	ث	ة
ن	و	ف	م	ب	ر	ت	ة	ر	ي	ن	ة	ض	ب
ز	ب	ح	ة	س	ي	و	ن	ي	و	ي	إ	م	ا
أ	غ	س	ط	س	ب	ص	ا	ز	ل	ن	ا	ظ	آ
ب	ج	د	ن	ط	د	ت	خ	ح	ي	ص	س	ض	آ
ر	ب	ت	ق	و	ي	م	م	ظ	و	ى	ض	و	ة
ي	ن	ا	ي	ر	ن	أ	س	ب	و	ع	ت	ا	ت
ل	ج	س	ك	ز	ف	ا	ل	أ	ر	ب	ع	ا	ء
ا	ل	ث	ل	ا	ث	ا	ء	س	ك	م	ة	ج	ا

أغسطس
أبريل
تقويم
الأحد
فبراير
يناير
الخميس
يوليو
يونيو
الاثنين

الثلاثاء
مارس
الأربعاء
شهر
نوفمبر
أكتوبر
السبت
أسبوع
سبتمبر
الجمعة

38 - Pirates

ذ	ر	ج	ص	ج	ل	ذ	ع	ل	م	و	خ	ئ	ف
م	ه	ع	غ	ز	ر	ظ	م	م	ث	ر	م	ج	ر
ح	ج	ب	ص	ي	خ	ب	ل	س	غ	ض	س	ا	خ
ي	ك	ق	د	ر	ظ	و	ا	ي	و	ا	ع	ا	ج
ط	ى	ط	ط	ة	ل	ك	ت	ء	ك	أ	م	ت	ة
غ	و	ئ	ط	ي	و	ا	م	ض	ج	س	ف	ر	خ
ن	د	ب	ة	ع	م	ب	ع	ع	خ	ط	ر	ئ	ة
ئ	س	ش	ك	و	ف	ت	د	ؤ	ر	و	ح	ي	ز
ش	ا	ط	ئ	ا	ة	ن	ن	ب	ي	ر	ى	ى	ر
ؤ	ئ	ك	ن	ز	إ	ي	ي	ب	ط	ة	م	ن	ط
ر	م	ذ	ق	د	غ	ق	ة	غ	ة	ف	ك	ؤ	ا
ط	ف	ح	ص	ا	ث	ى	س	ا	ا	ب	ه	و	ق
س	ي	ف	م	ح	ل	د	س	ء	ش	ع	ف	غ	م
ظ	ح	س	ص	ة	ش	ل	ج	ى	ا	ع	ث	م	ى

مرساة
مغامرة
كابتن
خريطة
ندبة
خطر
علم
سيف
طاقم
كهف

جزيرة
أسطورة
سيء
محيط
ذهب
ببغاء
عملات معدنية
شاطئ
رم
كنز

39 - Activités

ل	ف	ز	ت	ح	ث	ش	ؤ	ي	ك	أ	ذ	آ	ت
ن	ش	ا	ط	ص	ر	ي	آ	ى	ث	ل	ل	ض	خ
ك	ع	م	ا	إ	و	ط	ا	ب	ص	ع	ث	ا	ي
ك	خ	م	ؤ	ن	ع	ي	ل	م	ه	ا	ر	ة	ي
ا	س	ت	ر	خ	ا	ء	ر	س	ئ	ب	ا	ا	م
آ	م	ا	ا	د	ع	ش	ق	ح	د	م	ل	ل	ا
ح	ت	آ	آ	ي	ض	ظ	ص	ر	ن	ؤ	ل	م	ل
ت	ع	ص	ي	د	ا	ل	س	م	ك	ا	و	ص	ت
غ	ة	آ	ل	ا	خ	ز	ر	ت	ذ	ل	ح	ا	ر
ب	ق	م	ج	ل	ق	ي	و	ح	ع	ص	ة	ل	ف
ت	س	ح	و	ح	ر	م	ا	ن	ذ	ي	ز	ح	ي
ر	آ	ت	ف	ر	ا	ك	ذ	ط	ث	د	ع	خ	ه
ة	م	آ	ن	ف	ء	ي	ك	ح	ة	ط	ت	ا	ز
د	ب	إ	ف	ة	ة	ا	ل	ح	ي	ا	ك	ة	ا

نشاط
فن
الحرف
تخييم
الصيد
مهارة
خياطة
الرقص
المصالح
بستنة

ألعاب
قراءة
الترفيه
سحر
اللوحة
صيد السمك
تصوير
متعة
استرخاء
الحياكة

40 - Fleurs

ا	ز	ه	ر	ة	ا	ل	ع	ا	ط	ف	ة	ا	ع
ا	ل	ف	ا	و	ا	ن	ي	ا	ث	ة	م	ل	ب
ل	ظ	ن	ي	ا	س	م	ي	ن	ؤ	ط	ئ	ع	ا
ه	إ	ي	ر	إ	إ	ث	و	ز	ن	ب	ق	ش	د
ن	ا	آ	ل	ج	ف	ج	ا	ر	د	ي	ن	ي	ا
د	ف	و	ة	ر	س	ا	م	ح	د	ق	ب	ا	ل
ب	ا	ل	خ	ش	خ	ا	ش	إ	خ	ة	ا	ل	ش
ا	ت	ل	ى	خ	ي	ظ	ل	س	ة	ا	ق	ب	م
ء	و	ز	س	ئ	ج	ت	ح	ب	آ	ظ	ة	ت	س
ع	ل	ص	ع	ح	ي	ذ	ة	خ	ر	ل	أ	ل	ئ
ب	ي	ر	ذ	ق	ل	د	ي	ز	ي	ي	ز	ة	ن
م	ب	ز	خ	ا	ع	ب	ق	ا	خ	ع	ه	ب	ف
ا	ل	ك	ر	ك	د	ي	ه	م	ذ	ى	ا	ش	ل
أ	ر	ج	و	ا	ن	ي	ص	ى	م	آ	ر	ؤ	ي

زهرة العاطفة
الخشخاش
البتلة
الهندباء
الفاوانيا
وردة
عباد الشمس
نفل
توليب

باقة أزهار
جاردينيا
الكركديه
ياسمين
النرجس البري
خزامى
أرجواني
زنبق
ديزي
السحلب

41 - Nourriture #2

ق	ط	ا	ت	ي	ع	ش	ض	ف	ط	خ	ا	غ	ل
س	ن	ؤ	س	ث	ك	ف	ئ	ص	ب	ظ	إ	ا	غ
س	ي	ك	آ	ص	ع	و	غ	ك	أ	غ	إ	ش	ب
ل	ح	م	ا	ل	خ	ن	ز	ي	ر	ك	ي	و	ي
ف	ط	ر	و	و	ك	ب	ب	ق	ز	ف	س	ك	ض
خ	ش	ع	ظ	ز	ر	س	آ	م	م	ت	س	و	ة
ك	ن	ظ	ظ	ي	ز	م	م	ح	ا	ش	ش	ل	ق
ح	غ	غ	د	م	ف	ك	ب	د	ن	ت	ف	ا	ح
ب	ا	ذ	ن	ج	ا	ن	ر	د	ج	ا	ج	ت	ر
ر	ط	ب	م	و	ن	و	و	ؤ	و	ط	ي	ة	ن
غ	س	ج	ض	د	د	ر	ك	إ	ي	ذ	ف	خ	آ
س	ظ	ن	ل	ن	ن	ص	ل	ر	م	ج	و	ب	ي
ط	م	ا	ط	م	ؤ	ر	ي	إ	ض	ى	م	ز	ط
ط	ش	ن	ر	إ	ة	ؤ	م	ن	ض	ح	ز	ة	ا

لوز
باذنجان
موز
قمح
بروكلي
كرز
كرفس
فطر
شوكولاتة
لحم الخنزير

كيوي
مانجو
بيضة
خبز
سمك
تفاح
دجاج
عنب
أرز
طماطم

42 - Océan

ت	ئ	ج	ق	ا	ر	ب	د	م	إ	ى	ب	ت	ح
ا	ئ	س	ن	ض	ى	ا	ل	ط	ح	ا	ل	ب	و
ا	ل	م	د	و	ا	ل	ج	ز	ر	ا	ك	ظ	ت
س	ع	ك	ي	ث	أ	م	و	ا	ج	و	ر	إ	و
ن	إ	ا	ل	ة	ع	إ	ا	ش	ط	ط	ث	ظ	ن
ح	س	ض	ا	خ	ا	ب	ى	ي	ف	ج	خ	ب	ة
ذ	ف	ض	ل	و	ص	ز	ا	ج	م	ب	ر	ي	س
م	ن	ا	ب	د	ف	إ	ف	ن	و	ت	ز	ص	ف
ل	ج	س	ح	م	ة	ظ	ي	و	غ	ح	ؤ	ت	ج
ؤ	م	ب	ر	ظ	ذ	م	ي	ح	آ	ض	ا	ر	ث
ت	ج	أ	خ	ط	ب	و	ط	ى	ع	ي	م	ث	ي
ئ	س	ل	ح	ف	ا	ة	ا	ق	ق	ض	ل	غ	ى
د	و	ل	ف	ي	ن	ن	ر	س	ر	س	ح	إ	ص
ش	ا	ل	م	ر	ج	ا	ن	س	ش	ك	غ	ن	س

المد والجزر
قنديل البحر
سمك
أخطبوط
قرش
ملح
عاصفة
تونة
سلحفاة
أمواج

الطحالب
ثعبان
حوت
قارب
المرجان
سرطان
جمبري
دولفين
إسفنج
محار

43 - Remplir

ظ	ز	ا	ج	م	ل	ز	ك	ع	ك	ر	م	ر	ط
ي	ج	ج	ل	ر	ط	ظ	ج	ر	ت	ز	غ	ك	ق
آ	ا	ع	خ	د	ة	ق	ن	ث	ت	ت	ل	ن	ة
م	ج	ل	د	ل	ر	ح	ز	م	ة	و	ف	م	ق
ك	ة	ب	ر	و	ف	ج	و	ي	ؤ	ع	ن	ج	إ
س	ل	ة	ب	ي	ج	ب	ئ	ا	إ	ا	ج	ي	ب
أ	ز	ك	ي	س	ص	س	ح	آ	ر	ء	ق	ت	ض
ن	ه	ؤ	غ	ى	ح	ئ	و	ض	ق	ي	ز	إ	ل
ب	ر	آ	ض	ئ	ظ	ش	ض	ظ	ط	ى	م	غ	ح
و	ي	ج	ح	ق	ح	ح	ق	ي	ب	ة	س	ف	ر
ب	ة	ط	ر	ة	ش	م	ف	ؤ	ف	غ	ب	ة	و
ب	ر	م	ي	ل	ض	ش	ص	ي	ن	ي	ة	ث	س
ق	آ	ذ	ز	ذ	م	ي	ك	ص	ا	ف	ص	ظ	خ
د	آ	ة	إ	ق	ذ	ش	ب	م	ج	ك	غ	ي	ت

برميل
حوض
علبة
زجاجة
قفص
كرتون
مجلد
مغلف
وعاء
سلة

حزمة
صينية
جيب
جرة
كيس
دلو
الدرج
أنبوب
حقيبة سفر
زهرية

44 - Ballet

ب	أ	آ	ل	ة	ا	م	ب	ا	آ	ت	م	ر	ن
ر	و	ص	ة	ت	ف	ل	و	ل	ة	ي	ن	ق	ت
و	ر	و	ش	ف	ى	ح	ة	ر	ب	ع	م	ك	ئ
ف	ك	ا	د	ر	ف	ن	م	ا	ط	إ	ه	ش	ك
ة	س	ت	ة	ى	ن	ق	ع	ق	ذ	ظ	ا	ع	د
ذ	ت	ي	ا	ش	ي	ض	ى	ص	ف	م	ر	ث	ك
س	ر	آ	ر	ة	ل	ص	ج	ا	ع	ت	ة	ب	د
ر	ا	ض	ج	ا	ذ	خ	ا	ت	ع	ا	ق	ي	إ
إ	ل	ة	ت	ك	ح	ل	ح	ص	ؤ	ع	ل	ي	غ
ذ	د	د	ج	د	ج	ح	ئ	ف	س	ط	م	ن	ا
ق	ر	ر	إ	م	آ	ى	ق	ي	س	و	م	ي	س
ب	و	ث	ه	آ	ث	ر	ث	ق	إ	ث	س	إ	ش
ض	س	و	آ	ة	ة	ك	ش	ط	ص	ر	ك	ئ	ؤ
ن	ر	ا	ي	ف	ا	ر	غ	ي	ر	و	ك	ل	ا

عضلات
موسيقى
أوركسترا
الجمهور
بروفة
إيقاع
منفردا
نمط
تقنية

تصفيق
فني
الكوريغرافيا
مهارة
ملحن
الراقصات
معبرة
لفتة
شدة
الدروس

45 - Fruit

آ	ب	ك	ك	م	ث	ر	ى	ب	ئ	ا	ج	ل	ض
ف	ر	م	ش	ب	ا	ب	ا	ي	ا	و	ق	ي	ع
ب	ش	ش	م	ا	م	ن	ب	ر	ق	و	ق	م	و
ج	د	م	آ	خ	ا	أ	ج	ي	ص	و	ص	و	ي
م	ذ	ش	ز	ا	ج	ث	ن	و	د	ر	ع	ن	ج
و	ك	ر	ز	ث	ؤ	ض	ة	ا	ة	ق	ض	ح	غ
ز	أ	ض	ص	ح	ك	ق	ص	ج	ن	ة	ظ	ع	ب
خ	ف	ص	ق	ك	إ	ط	ك	ف	ا	ا	ص	ذ	ر
ت	و	ت	ا	ل	ع	ل	ي	ق	ل	ب	س	ك	ت
ف	ك	خ	ب	ف	ن	ث	ض	ئ	ش	ك	ز	ذ	ق
ا	ا	ط	ض	ع	ب	ل	ج	ئ	م	ي	ؤ	ى	ا
ح	د	ث	ز	ض	ة	ى	ي	ع	ا	و	ؤ	ت	ل
ف	و	ل	ض	ذ	ا	ح	آ	ا	م	ي	ئ	خ	ي
ز	خ	ك	ت	ي	ن	غ	و	خ	إ	ك	ش	ى	ط

مشمش
أناناس
أفوكادو
بيري
موز
الشمام
كرز
ليمون
تين
توت العليق

كيوي
مانجو
شمام
برتقالي
بابايا
خوخ
كمثرى
تفاح
برقوق
عنب

46 - Surf

ب	ذ	غ	ي	ل	ر	ب	ك	ك	ط	ج	ث	غ	ف
م	ط	آ	ت	خ	ى	آ	ن	ش	ل	ك	ش	م	م
ل	ق	ل	ا	آ	ص	ل	ن	ف	خ	ع	خ	ر	ط
ي	س	ل	ج	ش	ع	ل	م	ج	د	ا	ف	ح	ش
ف	ح	س	د	ث	ص	ن	ط	ا	ل	م	ع	د	ة
ص	د	ب	ي	ي	ق	ة	ح	ق	ى	د	ت	ت	ط
ا	ش	ا	ط	ئ	و	ك	ع	س	ا	ذ	ق	غ	م
ر	ط	ح	ط	ط	ة	ئ	ق	ر	ت	ص	و	آ	ب
غ	ي	ة	ئ	ى	ش	ي	ذ	ع	م	و	ج	ة	ت
و	ف	ا	ل	ح	ش	و	د	ة	و	س	ز	ت	د
ة	غ	ث	ض	ت	خ	ع	م	ح	ي	ط	و	ش	ئ
ع	إ	س	ؤ	ي	د	ي	ب	م	ت	ط	ر	ف	ع
ش	ت	ح	ظ	ل	ج	ذ	ش	ي	ي	غ	ص	م	د
ط	إ	ل	ذ	ض	ا	ؤ	و	ئ	ض	آ	إ	د	غ

رغوة
للسباحة
محيط
مجداف
شاطئ
شعبي
نمط
موجة
سرعة

مرح
رياضي
بطل
مبتدئ
المعدة
متطرف
قوة
الحشود
طقس

47 - Technologie

ذ	ة	ر	ز	ع	ق	ة	ب	ت	خ	ف	ب	ح	ث
د	ط	ق	م	ص	غ	ش	ا	ش	ة	ي	ر	ر	آ
ى	ع	م	غ	ن	ا	ي	ي	ى	ط	ر	م	ا	ق
ص	ا	ي	ث	ع	ر	ض	ت	ظ	آ	و	ج	ف	ب
ا	أ	ع	ح	ن	ر	س	ا	ل	ة	س	ي	ت	ي
ل	م	ل	ف	ز	ك	ا	م	ي	ر	ا	ا	ر	ث
إ	ن	ت	ر	ن	ت	ل	ل	ى	ق	ب	ت	ا	ر
ح	آ	ا	ة	غ	ر	ب	ص	ح	ن	ة	آ	ض	ع
ص	ص	ل	ي	ا	ق	ي	آ	ت	ا	ذ	س	ي	ض
ا	ط	م	ل	ؤ	م	ا	م	ض	ك	س	ض	ة	ق
ء	س	ت	ط	ت	ن	ن	ت	ط	ة	ط	و	ع	ل
ج	آ	ص	ص	د	ض	ا	ل	م	ؤ	ش	ر	ب	ح
خ	ط	ف	ك	ق	س	ت	آ	ا	م	د	و	ن	ة
ا	د	ح	ل	ط	ل	ز	ب	ئ	ق	ؤ	ض	ع	ب

عرض
مدونة
كاميرا
المؤشر
البيانات
شاشة
ملف
إنترنت
برمجيات
رسالة

المتصفح
رقمي
بايت
الحاسوب
خط
بحث
أمن
الإحصاء
افتراضية
فيروس

48 - Comédie

ص	ز	ث	س	د	ؤ	ا	ل	ن	و	ع	ك	ق	ا
ب	ش	آ	ئ	ف	ش	ل	ب	ظ	م	ض	ح	ك	ل
ش	ح	و	ث	غ	خ	ا	ى	ا	ز	ر	ح	ي	م
ل	م	ح	إ	ع	ث	ر	ن	ن	س	ض	ح	ك	م
م	ض	ى	ب	م	ح	ت	ل	ف	ز	ي	و	ن	ث
ا	ذ	ث	ط	ع	ط	ج	ت	ؤ	ى	ر	ك	ؤ	ل
ل	ف	ك	ج	ب	د	ا	ل	م	ه	ر	ج	ي	ن
ن	ك	ل	ي	ر	ن	ل	ا	ل	ج	م	ه	و	ر
ك	ا	ك	ف	ة	م	ف	ذ	م	ت	ب	ي	ي	م
ا	ه	ت	ق	إ	س	م	ت	ص	ف	ي	ق	ف	ن
ت	ة	ا	و	خ	ر	ر	ث	ا	د	ض	ش	ض	إ
د	ح	ث	ؤ	ص	ح	ة	د	ل	م	ث	د	ج	م
د	ة	ض	ى	ت	و	ض	ى	ئ	ة	ظ	ج	ح	ص
م	ح	ا	ك	ا	ة	س	ا	خ	ر	ة	ت	ع	ا

الممثل
ممثلة
مرح
تصفيق
النكات
المهرجين
مضحك
معبرة
النوع

فكاهة
الارتجال
ذكي
محاكاة ساخرة
الجمهور
ضحك
تلفزيون
مسرح

49 - Météo

ا	ل	ر	ع	د	ف	س	ش	ظ	م	ؤ	ط	ر	خ
س	ل	ف	ي	ن	ي	ع	ح	ض	ر	ن	ت	ي	ي
ت	س	غ	خ	ة	ض	ا	إ	ا	ط	ي	ا	ح	ج
و	ب	ث	ل	ك	ا	ص	ع	ط	ب	ج	ت	خ	ل
ا	ئ	ئ	ي	ا	ن	ف	ص	ث	ج	ة	ع	ئ	ي
ئ	ل	ل	ر	ك	ف	ة	ا	خ	ا	ر	ة	ح	د
ي	ت	ف	ر	ط	ض	ا	ر	س	ف	ع	ج	ث	ذ
س	غ	غ	ع	ظ	إ	ز	ل	ح	ه	خ	خ	ل	ت
ب	ف	ة	ع	ظ	ج	د	ب	ج	د	ق	ط	ب	ي
ن	ت	ك	ف	ن	س	ي	م	ق	و	س	ق	ز	ح
ش	ل	ص	ص	ز	م	م	ب	ن	ء	ي	إ	ج	ص
ل	ض	ش	ذ	ص	ا	ا	ل	ض	ب	ا	ب	ف	ص
ف	ث	ي	ص	ش	ء	ن	غ	ا	د	ف	ب	ا	ث
م	د	ر	ج	ة	ا	ل	ح	ر	ا	ر	ة	ف	م

سحابة
قطبي
جاف
جفاف
درجة الحرارة
عاصفة
الرعد
إعصار
استوائي
ريح

قوس قزح
الغلاف الجوي
نسيم
الضباب
هدوء
سماء
مناخ
جليد
رطب
فيضان

50 - Châteaux

و	ع	ف	ح	ب	ؤ	ق	ا	ق	ف	ع	ث	م	س
د	ذ	ر	ا	س	ت	ل	ص	ذ	ق	ا	ظ	آ	ع
غ	أ	ط	ئ	ن	ن	ر	ة	ك	ل	م	م	ل	ا
ض	م	س	ط	ب	إ	ؤ	ح	ز	ك	ع	ح	ا	و
ف	ي	س	ي	ت	ق	ق	ي	ن	ج	ن	م	ل	ا
ب	ر	ل	م	ا	ط	م	ر	ز	ع	ق	د	ن	خ
ر	ت	ا	م	ج	ا	ى	ص	ا	ج	ك	ح	ب	ك
ج	ر	ل	م	ز	ع	ن	ي	ن	ت	ص	ب	ظ	خ
د	ل	ة	و	ض	ي	ئ	ي	ة	ا	ش	س	إ	ف
ة	ع	ي	ج	ح	ا	ا	ث	ن	م	د	ذ	أ	ش
ش	ا	ض	إ	ة	ي	ر	و	ط	ا	ر	ب	م	إ
ح	ب	ك	ى	ل	ف	ئ	ي	د	ع	ع	ظ	ي	ن
ا	ا	ر	ذ	و	و	ش	ف	ض	ح	س	خ	ر	س
ى	ص	ا	س	ر	ا	ف	ر	ئ	غ	ا	ظ	ة	ك

درع
المنجنيق
حصان
فارس
تاج
زنزانة
تنين
سلالة
إمبراطورية
سيف

إقطاعي
خندق
حائط
النبيل
قصر
أمير
أميرة
المملكة
برج

51 - Randonnée

ق	ة	ي	ا	ل	ح	ي	و	ا	ن	ا	ت	ا	ح
س	ت	ة	ل	ا	ذ	و	ح	ت	م	ج	خ	ل	ص
ط	ح	ص	ح	و	ؤ	ر	ف	ج	آ	ح	ي	ظ	ظ
و	ل	ع	د	ئ	ا	ج	ة	ا	ق	ع	ي	إ	ع
م	ل	ش	ا	ا	ك	ظ	م	ه	ؤ	ص	م	ع	ص
ص	ط	ت	ئ	ى	ل	ت	ن	ب	ى	ب	خ	ش	ح
م	ئ	ح	ق	م	ة	م	ا	ء	ص	ة	د	ف	س
ش	ب	ض	و	ب	ف	ذ	خ	س	ع	ط	ت	أ	ا
خ	ر	ي	ط	ة	ط	ث	ة	ا	ب	ر	ي	ح	ل
ف	س	ر	د	س	م	ق	ذ	د	ط	ص	ع	ذ	ح
ل	ق	خ	ا	ط	ت	ي	س	د	ر	ر	م	ي	ج
ج	ث	ؤ	ش	غ	ع	ل	ع	ج	م	ر	ذ	ة	ا
ض	إ	ث	م	ط	ب	ي	ع	ة	ب	خ	ح	د	ر
ع	د	ض	س	ى	ظ	ع	ج	ر	ف	ل	ض	ج	ة

الحيوانات
أحذية
تخييم
خريطة
مناخ
المخاطر
ماء
جرف
متعب
ثقيل

طقس
جبل
طبيعة
اتجاه
الحدائق
الحجارة
تحضير
بري
شمس
قمة

52 - Art

م	د	ن	ف	د	ئ	ص	آ	ث	ة	ط	ت	إ	م
ث	إ	ع	ح	أ	ص	ل	ي	ذ	ب	ك	ك	ح	ر
ذ	ث	ؤ	م	ط	ذ	غ	ت	ص	د	ب	و	ف	ك
ر	ل	ط	ي	ز	ي	ظ	ي	ع	ط	ز	ي	غ	ب
م	و	ض	و	ع	ا	ل	ن	ح	ت	ر	ن	ف	ص
ز	ح	ع	ر	د	ل	ج	ا	ل	ت	ع	ب	ي	ر
ة	ا	خ	ي	ؤ	س	ي	ر	ا	م	ي	ك	م	ي
ة	ت	ل	س	إ	ر	ث	ر	ص	ا	د	ق	ك	ر
و	ص	إ	ش	ك	ي	ؤ	ش	ب	ب	ى	د	ز	ح
ى	و	ج	ع	ك	ا	و	خ	ش	م	ح	ذ	غ	ل
ض	ي	آ	ر	د	ل	ف	ص	ص	ة	ا	ت	ك	إ
ة	ر	ز	ى	ذ	ي	ي	ي	ر	و	س	ع	و	ع
د	ا	ر	ث	ل	ة	ن	د	ظ	س	خ	د	ص	إ
خ	ب	س	ي	ط	ش	ض	ا	ط	ي	ف	ر	ز	غ

سيراميك
مركب
تكوين
تصوير
التعبير
الشكل
صادق
مزاج
ربما
أصلي

لوحات
شخصي
شعر
النحت
بسيط
موضوع
السريالية
رمز
بصري

53 - Nutrition

ي	إ	و	غ	ه	س	ص	غ	ت	غ	إ	ج	ف	ح
ت	م	إ	ذ	ض	ئ	ث	غ	ف	خ	ن	و	ي	ب
م	ص	ح	ي	م	ر	ج	ئ	ر	ع	ا	د	ت	ي
ت	خ	م	ي	ر	ض	ي	م	ن	ى	ؤ	ة	ا	ة
و	م	ز	ق	ة	ز	ا	م	ك	ش	ض	إ	م	ق
ا	ز	آ	ض	ز	ج	ك	ج	م	و	م	س	ي	ذ
ز	ص	ا	ل	ح	ل	ل	أ	ك	ل	ن	م	ن	ح
ن	ص	ن	ك	ه	ة	س	و	ا	ئ	ل	ا	ة	م
ي	ا	ل	ب	ر	و	ت	ي	ن	ا	ت	إ	ت	ي
ل	آ	ر	ص	س	ز	و	د	إ	ح	ح	ب	ج	ة
ك	ش	ه	ي	ة	ل	ا	ي	ق	ي	إ	ى	ج	ؤ
و	ح	ا	ل	ك	ر	ب	و	ه	ي	د	ر	ا	ت
ت	ز	ب	ي	آ	ا	ل	ص	ح	ة	خ	و	ف	ذ
ع	ض	ن	ب	ا	س	ل	ف	ج	ئ	ذ	ر	ن	ش

مر
شهية
صالح للأكل
حمية
هضم
توابل
متوازن
تخمير
الكربوهيدرات
مكونات

سوائل
وزن
البروتينات
جودة
صحي
الصحة
صلصة
نكهة
سم
فيتامين

54 - Science Fiction

ش	م	ث	خ	ز	ك	ي	و	ت	و	ب	ي	ا	م
و	ئ	ي	م	ا	س	ض	ب	ي	ا	ت	غ	ل	س
ش	ع	ج	ظ	ؤ	م	ا	ئ	ا	ق	ض	إ	ر	ت
ف	ط	ط	م	خ	و	ه	م	ي	ع	إ	م	و	ق
و	ذ	ك	ث	خ	ح	ؤ	ظ	ا	ي	آ	ط	ب	ب
ا	ك	ل	ة	س	ي	ن	م	ا	و	ن	ذ	و	ل
ل	ح	س	م	ر	ا	ئ	ع	خ	ط	ه	ك	ت	ي
ع	م	ى	ت	ق	ن	ي	ة	ا	ئ	ص	م	ا	ة
ا	ي	غ	ط	ب	ج	ص	ط	ل	ت	ض	ل	ت	آ
ل	ن	ا	ر	ر	ع	ع	ر	ك	و	ك	ب	خ	ي
م	ر	ف	ف	ظ	ى	ي	ج	ت	غ	ا	م	ض	ف
ي	ى	ي	ج	ئ	ز	إ	د	ب	ك	ذ	ئ	ة	ش
ة	ش	ق	ى	ا	ل	س	ي	ن	ا	ر	ي	و	غ
ش	ا	ة	س	ا	ر	د	ى	ث	م	ي	م	ر	م

بعيد
العالمية
غامض
وحي
كوكب
واقعي
الروبوتات
السيناريو
تقنية
يوتوبيا

ذري
سينما
انفجار
متطرف
رائع
نار
مستقبلية
وهم
وهمي
الكتب

55 - Vertus #1

ض	ط	ف	ث	ب	م	إ	س	ا	آ	د	ي	ف	م
ا	غ	ع	س	إ	و	ن	ي	ل	ب	غ	ي	ض	س
ذ	ش	ا	ط	ى	ث	ف	ح	خ	ن	ظ	ح	ض	ت
ف	ح	ل	ذ	ر	و	ن	س	ي	ظ	ك	ض	ف	ق
ر	ح	ة	م	ب	ق	ي	ن	ا	ي	ر	ز	ض	ل
ح	ا	ث	ر	و	ب	ص	ظ	ل	ف	ي	غ	و	ث
ب	س	ؤ	ت	ذ	ه	ز	ل	ك	م	م	غ	ل	ئ
ث	م	ي	ك	ح	ا	ض	إ	ذ	ي	ي	آ	ي	م
ت	ت	ي	ف	ط	ا	ع	ط	ا	ت	ك	ف	ف	إ
ث	و	ى	خ	غ	ر	م	غ	ن	ح	ة	ك	ع	ل
و	ا	د	ا	ب	ق	ل	ة	خ	ز	ى	ج	ع	ل
ج	ض	ن	ق	ط	ة	ي	ة	ؤ	ك	ة	ئ	ى	ر
ع	ع	ر	ك	ش	آ	ب	ك	ث	ف	م	م	خ	ب
ث	ا	ف	ر	ز	ظ	ط	م	ع	ج	ص	ى	ف	ل

فني
حسن
ساحر
فضولي
حاسم
مضحك
فعالة
موثوق بها
كريم
الخيال

مستقل
ذكي
متواضع
عاطفي
صبور
عملي
نظيف
حكيم
مفيد

56 - Professions #1

ح	ب	ر	ج	ك	ع	م	ف	ط	ى	س	ر	ط	ر
ص	ع	ع	ل	م	ا	ل	ن	ف	س	ف	س	ب	ر
ف	خ	ة	ف	ق	ز	ص	ا	ئ	غ	ي	ا	ي	إ
ض	د	ت	ل	ف	ف	م	ن	و	ي	ر	م	ب	ض
م	ض	ع	ك	ع	ا	ع	ق	ش	ر	ج	خ	ب	ؤ
ح	ح	خ	ي	ا	ل	ب	غ	ل	ي	ا	ر	ي	و
ر	إ	ا	ر	ل	ب	م	د	ر	ب	ل	ا	ط	ز
ر	س	ز	م	م	ي	ج	ع	ذ	ى	ا	ئ	ر	ص
ا	ي	ب	ظ	ي	ا	ي	ى	م	ن	ل	ط	ي	س
ق	ج	م	ا	ذ	ن	و	ج	م	م	ا	ب	ت	آ
ص	خ	ض	و	ك	و	ل	و	ر	ص	ط	ي	ك	ع
ة	ح	ا	ئ	م	ج	و	س	ض	ر	ف	ب	ف	م
ف	إ	ا	ض	ن	و	ج	ظ	م	ف	ا	ق	غ	و
ب	ر	ع	و	ع	ص	ي	ا	د	ي	ء	ر	ض	ك

محرر
جيولوجي
ممرض
طبيب
عازف البيانو
سباك
رجال الاطفاء
علم النفس
عالم
طبيب بيطري

سفير
فنان
فلكي
محامي
مصرفي
صائغ
رسام خرائط
صياد
راقصة
مدرب

57 - Géologie

ق	ل	خ	ط	ئ	غ	خ	ح	إ	ع	ئ	س	ج	ث
ط	ض	ن	ب	س	ل	ز	م	م	ر	و	ع	ث	ئ
ى	و	ي	ق	خ	م	ل	ح	ؤ	ض	ح	ج	ئ	إ
ح	ذ	د	ة	ا	ل	ك	ل	س	ي	و	م	إ	ل
ع	ط	ر	ر	ن	ؤ	ئ	س	ا	ز	ب	ئ	ط	ح
ا	ك	آ	آ	ذ	م	و	ل	ت	ن	ه	ض	ب	ة
ل	ش	ه	ر	ج	ج	ج	ق	و	ى	آ	ل	د	خ
ص	ة	ر	ف	ح	ج	ق	ا	ر	ة	م	ظ	ت	ؤ
و	ل	إ	إ	ظ	ج	ب	ل	و	ر	ا	ت	آ	ص
ا	ل	ح	م	م	ؤ	ر	م	ن	ط	ق	ة	ك	ل
ع	ح	ف	ر	ي	ة	ك	ر	و	ج	ا	ص	ل	غ
د	ى	ئ	ؤ	خ	ل	ا	ج	ق	ئ	م	ب	ت	ص
ا	ل	م	ع	ا	د	ن	ا	ق	ص	د	ف	ح	د
ظ	ظ	س	م	ع	و	ش	ن	ث	خ	إ	إ	ر	ا

حمض
الكلسيوم
كهف
قارة
المرجان
طبقة
بلورات
تآكل
مولتن
حفرية

سخان
الحمم
المعادن
حجر
هضبة
مرو
ملح
الصواعد
بركان
منطقة

58 - Cirque

ز	ذ	ث	ا	ل	م	ح	ت	ا	ل	ت	ع	ر	ض
ج	ب	ا	ل	و	ن	ا	ت	س	ن	ا	ر	ل	ا
و	ز	ل	ف	ب	ف	ى	ل	ح	ا	إ	ى	ك	س
ا	ا	ح	ي	ص	ه	ى	ت	ر	م	ح	ؤ	ق	خ
ط	ل	ي	ل	ق	خ	ل	ا	ط	ذ	ح	ر	ق	ر
ؤ	م	و	س	ي	ق	ى	و	آ	ه	ش	د	ر	ر
ط	ش	ا	خ	ي	م	ة	ج	ا	ل	ق	ا	د	ض
ت	ا	ن	م	ه	ر	ج	غ	ع	ن	م	ر	ع	آ
غ	ه	ا	ش	ئ	م	ت	ر	ف	ي	ه	خ	ك	ج
ز	د	ت	ة	ش	ئ	ذ	أ	ع	ظ	و	م	ز	ى
ف	م	و	ك	ب	ظ	ك	س	س	ز	ي	ن	ز	ص
ة	ص	ؤ	غ	ح	ت	ر	ن	ط	د	ث	ة	ت	ج
ط	ح	ظ	خ	ض	ط	ة	ج	ق	ص	و	ع	ؤ	ئ
ض	ة	خ	ق	غ	ا	آ	ق	ة	ط	ذ	ر	ض	ح

المشاهد

59 - Jardin

ا	غ	ا	ز	ى	ظ	ج	ح	ظ	ر	ف	ؤ	غ	آ
ؤ	ل	ي	ا	ه	و	ث	ل	ش	ظ	أ	ب	آ	ظ
ط	ض	ت	ل	أ	ر	ج	و	ح	ة	ش	ذ	ي	م
آ	ع	ك	ر	ا	ج	ة	إ	ش	خ	ع	ع	ب	ح
ط	آ	ث	و	ا	آ	ش	ر	ش	ر	ل	ش	ذ	ى
ي	ئ	س	ا	آ	م	ق	ع	د	ظ	ا	ب	ش	ب
ك	آ	ج	ق	خ	ج	ب	ر	ك	ة	ل	س	ظ	ش
م	ص	ط	ب	ة	ر	ب	و	ش	ق	ن	ت	ع	ج
ك	ر	م	ة	خ	ف	ل	م	ل	ج	ا	ا	ئ	إ
و	ة	ئ	ك	ض	ة	س	ط	ث	ي	ر	ن	ي	إ
ك	ح	س	خ	ر	ط	و	م	ظ	ط	ن	ة	ش	ج
ح	د	ي	ق	ة	ت	ر	ب	ة	ز	ا	ك	ح	ك
ي	ض	ا	ا	ل	أ	ع	ش	ا	ب	خ	م	إ	ص
ر	ح	ج	م	ئ	ت	ن	ش	ع	ت	ئ	ص	ن	ع

شجرة
مقعد
بوش
سياج
بركة
زهرة
كراج
أرجوحة
عشب
حديقة

الأعشاب
مجرفة
رواق
أشعل النار
تربة
مصطبة
الترامبولين
خرطوم
بستان
كرمة

60 - Barbecues

ق	م	ء	ا	د	غ	ج	ا	ج	د	ى	ح	ف	ب
س	و	ز	خ	ي	ح	إ	ل	ئ	ب	ك	ا	ل	ص
ئ	س	ظ	ب	ا	ع	ل	أ	إ	م	ك	ر	ف	ل
ص	ي	ع	و	ج	ع	ض	ط	س	ه	ظ	ك	ل	ا
ش	ق	غ	ز	ظ	ص	ن	ف	ة	ب	س	م	ل	غ
د	ى	ك	ز	ن	ي	ك	ا	ك	س	إ	س	م	ل
ح	ق	خ	ص	ذ	ئ	ن	ل	ط	ط	ل	ئ	ئ	ظ
ل	ذ	ل	ق	ع	م	ط	ا	م	ط	ض	ك	و	ؤ
خ	ص	م	س	آ	أ	ص	د	ا	ئ	ى	ص	ش	خ
ة	د	ت	ذ	ش	س	ن	ت	ا	م	ة	ي	ن	ن
ب	م	ت	ا	و	ر	ض	خ	ص	ج	س	ف	و	ح
ث	ل	ذ	خ	ا	ة	ت	ة	ط	ط	ء	ا	ش	ع
ب	ح	ك	ك	ي	ت	غ	ز	ن	ظ	ق	ر	آ	ت
ل	و	غ	ق	ة	آ	ق	ا	ك	ع	ب	ج	ق	خ

ألعاب
خضروات
موسيقى
بصل
فلفل
دجاج
السلطات
صلصة
ملح
طماطم

حار
سكاكين
غداء
عشاء
الأطفال
صيف
جوع
أسرة
فاكهة
شواية

61 - Anniversaire

ا	د	ن	ق	ع	غ	ق	ث	م	و	ي	ت	ش	ك
ؤ	ج	ؤ	ي	ظ	ع	ب	س	ك	ؤ	س	ق	ا	آ
ز	ف	ى	ا	ي	ك	خ	ز	ق	ح	ن	و	ب	ز
ف	ة	ظ	ل	م	ا	ذ	ي	آ	ث	ة	ي	د	ه
ح	غ	ل	د	ص	ل	ب	ا	ح	ص	ا	م	ل	ف
ك	ي	ك	ع	ل	ش	ط	ك	ل	ا	ف	ت	ح	ا
ى	ة	ي	و	ق	م	ا	س	ل	ا	ر	ح	ث	ر
ز	خ	ك	ا	و	و	ق	ن	ي	آ	د	ي	ع	س
ظ	ي	ظ	ت	ح	ع	ا	ك	ت	خ	خ	ر	ص	ل
ى	آ	ز	ح	ك	ت	ت	ض	ع	ز	ل	م	ظ	أ
و	د	ل	و	م	ض	ذ	ظ	ل	خ	ظ	م	غ	ع
م	ن	ش	ت	ة	ئ	ى	ظ	م	ث	ر	ن	ي	ل
د	ت	آ	ث	ت	ق	و	ل	ا	ح	ي	ت	ر	ى
ت	ح	ب	ع	ج	ئ	ة	ض	ذ	ة	إ	ا	ف	خ

كيك
سعيد
الدعوات
شاب
يوم
ولد
حكمة
خاص
عظيم
الوقت

اصحاب
مرح
سنة
ليتعلم
الشموع
هدية
تقويم
بطاقات
أغنية
احتفال

62 - Animaux de Compagnie

ض	غ	خ	د	ق	س	ب	ج	ب	ت	م	ى	ض	ب
س	س	ش	إ	ط	ح	ق	ر	ط	ط	ع	ا	م	ب
ل	م	ذ	ي	ل	ل	ر	و	ت	و	س	د	ء	غ
ح	ا	ك	خ	ل	ي	ة	ك	ك	ق	غ	غ	إ	ا
ف	ع	ض	ل	ر	ة	ف	أ	ر	آ	أ	إ	د	ء
ا	ز	س	ر	ب	ة	ف	و	ى	ه	ر	ي	ر	ة
ة	ي	ر	غ	ا	ل	ك	ف	و	ف	ن	ة	ئ	إ
ذ	إ	ل	ا	ط	م	خ	ا	ل	ب	ب	ذ	ع	ر
ط	ب	ي	ب	ب	ي	ط	ر	ي	خ	ف	ى	إ	ا
ت	ح	ق	ق	ئ	إ	ؤ	ي	ك	ط	ة	ة	ز	ي
ق	إ	إ	ئ	ث	ض	ق	ر	ذ	ة	ر	ة	خ	ف
ب	ئ	ي	ك	ص	ك	ت	ف	ع	ذ	و	ئ	ؤ	ك
ق	و	ف	ج	ؤ	ع	خ	ص	ز	ك	خ	ا	غ	ذ
ب	ؤ	ش	ط	ذ	س	ة	ذ	إ	ط	خ	ج	ا	ط

قط
هريرة
ماعز
كلب
جرو
طوق
ماء
مخالب
رباط
أرنب

سحلية
طعام
الكفوف
ببغاء
سمك
ذيل
فأر
سلحفاة
بقرة
طبيب بيطري

63 - Forêt Tropicale

ا	ا	د	ا	ح	ف	ظ	م	م	ض	ع	د	ب	ز
ز	س	و	ل	ن	د	ب	ا	ل	ل	س	م	إ	ح
ف	ت	ؤ	ح	ت	ن	و	ع	ؤ	ج	ة	ت	ا	ن
ن	ع	س	ش	ب	ب	ي	ط	س	ا	أ	ص	ل	ي
س	ا	ك	ر	ى	ا	ذ	ح	ا	ل	غ	ا	ب	ة
ح	د	ؤ	ا	ى	ت	ذ	ل	ل	ث	س	ح	ر	د
ا	ة	خ	ت	ط	ي	و	ب	ط	د	ى	ت	م	ى
ب	ع	ؤ	ض	ف	ب	ق	ب	ي	ي	ي	ر	ا	ا
ت	إ	آ	ع	ظ	م	ي	س	و	ي	ف	ا	ئ	ل
ح	ف	ي	ج	ش	ص	م	ع	ر	ا	ح	م	ي	أ
آ	ز	ا	ن	ج	ا	ة	ج	ة	ت	ف	ض	ا	ن
ي	س	ا	ة	ح	م	آ	ؤ	د	آ	ك	ع	ت	و
ؤ	ظ	ب	و	و	ب	ف	د	د	د	غ	ف	ئ	ا
ت	ع	ة	ب	ع	م	ن	ا	خ	ذ	ع	ل	ح	ع

طحلب
طبيعة
سحاب
الطيور
ذو قيمة
حفظ
ملجأ
احترام
استعادة
نجاة

البرمائيات
نباتي
مناخ
ملة
تنوع
الأنواع
أصلي
الحشرات
الغابة
الثدييات

64 - Insectes

ل	ح	ث	ص	س	ش	ئ	ص	ف	ح	ا	ا	ئ	ا
ب	ن	س	ا	ل	د	ب	و	ر	د	و	ع	ف	ل
ى	س	و	ئ	ع	ك	ظ	ي	س	ص	ع	ف	ي	ب
ب	ع	و	ض	ة	س	ض	ت	ا	خ	و	خ	ر	ع
أ	ر	ض	ة	ج	ن	د	ب	ل	ش	ح	ر	ق	و
ح	خ	غ	ف	ق	ذ	خ	ش	ن	م	ل	ة	ة	ض
ي	ئ	د	و	إ	ج	ن	ث	ب	ا	ز	ا	ع	ن
د	ب	و	ر	ث	ر	ف	ل	ي	ن	ح	ل	ة	ف
و	ي	س	د	ب	ا	س	ر	ؤ	ل	ع	ز	ف	س
د	ص	ض	ي	آ	د	ا	ع	ا	ق	آ	ي	خ	ط
ة	د	ف	ظ	ي	ة	ء	ص	ل	ش	د	ز	ن	ا
ا	ل	ي	ع	س	و	ب	ة	م	ش	ة	ت	ف	ئ
د	ع	ث	ى	و	ا	ل	خ	ن	ف	س	ا	ء	ع
ئ	ك	ض	ج	ط	ف	ب	ل	ك	ك	ح	ص	ط	ط

نحلة
صرصور
الزيز
الخنفساء
جرادة
نملة
الدبور
دبور
يرقة
اليعسوب

فرس النبي
بعوضة
البعوض
فراشة
برغوث
المن
جندب
خنفساء
أرضة
دودة

65 - Ferme #1

ؤ	د	ي	س	ي	ا	ج	ب	ن	خ	ع	د	ي	ك
م	ظ	ج	م	ا	ء	ث	ق	ط	ي	ع	ج	ل	س
س	ب	آ	ا	ل	ث	و	ر	م	ا	ع	ز	ك	ص
ى	ز	ؤ	د	ج	ا	د	ة	س	ق	ق	ر	ط	ز
ت	ئ	ق	ف	ذ	ؤ	إ	ط	آ	ى	غ	آ	ق	خ
ف	ز	ز	غ	ح	ج	ع	إ	ت	ع	أ	ا	خ	ؤ
ن	ن	آ	ر	ص	ل	ح	م	ا	ر	ر	غ	ب	ئ
خ	ر	آ	ا	ا	ر	د	ق	ط	د	ز	ع	ئ	ج
و	ض	ع	ب	ن	ع	د	ت	ل	ف	ف	ق	إ	ي
ز	ج	ض	ص	آ	س	ة	ب	غ	ا	ب	ب	ف	ذ
ث	ب	ق	ن	ح	ل	ة	ن	ر	م	س	ب	د	ذ
ث	ذ	ت	ؤ	ك	ل	ب	م	س	ج	س	ج	ك	ج
ب	ش	ت	ص	ض	ظ	ج	ق	ز	ف	ض	ض	ز	ى
ظ	ا	ص	ي	م	ذ	ج	إ	ت	ر	س	ع	ش	م

نحلة
زراعة
حمار
الثور
حقل
قط
حصان
ماعز
كلب
سياج

غراب
ماء
سماد
تبن
عسل
دجاج
أرز
قطيع
بقرة
عجل

66 - Escalade

خ	ى	ص	غ	ق	ت	ش	ذ	ن	خ	ر	ط	خ	د
خ	و	ذ	ة	م	ط	ج	ل	ط	ث	ر	ض	ظ	ي
د	ا	ل	غ	ل	ا	ف	ا	ل	ج	و	ي	ي	ا
ج	ز	ح	ط	ش	د	م	خ	ش	ي	ظ	ق	ط	ض
د	ح	ث	ف	د	د	ق	خ	ن	ؤ	ض	ز	غ	ة
ت	ة	ت	ص	ك	ه	ف	ا	ش	أ	غ	ى	غ	ؤ
ر	ى	ت	ؤ	إ	ئ	ا	ل	ت	ح	د	ي	ا	ت
إ	ص	ا	ب	ة	ك	ز	ف	د	ذ	ت	إ	ر	ا
ط	ز	ل	ز	ز	آ	ا	ض	ر	ي	ز	ع	ت	س
ص	خ	ب	ي	ر	ق	ت	و	ي	ة	ئ	ل	ف	ت
ي	ف	د	ث	ى	غ	و	ل	ب	ى	ق	ح	ا	ق
ؤ	ط	ن	ر	ي	م	ا	ة	ط	ر	غ	د	ع	ر
ك	ج	ي	ا	ل	ت	ض	ا	ر	ي	س	ة	ض	ا
ض	ئ	ن	ح	ض	ح	خ	خ	س	ز	ز	ح	ب	ر

ارتفاع
الغلاف الجوي
إصابة
أحذية
خريطة
خوذة
الفضول
التحديات
خبير

ضيق
قوة
تدريب
قفازات
كهف
بدني
استقرار
التضاريس

67 - École #2

ا	و	ر	ق	ر	ا	ء	ة	أ	ع	ع	س	ق	ق
ل	ا	ل	ك	ت	ب	ن	ل	ي	ل	س	ك	ق	ا
ح	ج	ض	و	ة	س	ن	ش	ق	م	ع	ت	ل	م
ا	ب	ا	ل	ت	ع	ل	م	و	ك	ا	ا	ض	و
س	م	أ	ن	ش	ط	ة	د	ا	ت	ي	ب	ب	س
و	ق	ق	ل	م	ى	د	ر	ع	ب	ي	ة	ر	ك
ب	ص	م	ع	ت	آ	ة	س	د	ة	ح	ف	ا	م
ح	ا	ف	ل	ة	ن	إ	ب	خ	ك	د	م	ز	ث
ن	ط	ؤ	ج	و	ك	ج	ك	ى	ي	ر	ئ	ح	ر
ي	آ	ي	د	خ	م	ظ	أ	ع	ش	ع	ت	ع	ق
د	ا	ص	خ	ع	ر	ى	ج	د	ل	و	ع	ي	ف
ج	ك	إ	ة	ز	ا	ر	ا	ج	ب	م	ل	س	غ
ع	ق	ي	ح	ن	ا	ش	إ	ت	ق	و	ي	م	آ
ك	ز	ف	خ	ص	ف	ر	ص	ث	ق	ش	م	ج	خ

أنشطة
التعلم
مكتبة
حافلة
تقويم
مقص
قلم
واجب
قاموس
مدرس

كتابة
تعليم
قواعد
ألعاب
قراءة
أدب
الكتب
الحاسوب
ورق
علم

68 - Antarctique

ا	ا	ل	ح	ف	ظ	ش	غ	ل	ج	ى	ي	ل	ص
ل	ا	ل	م	ع	ا	د	ن	ق	غ	ه	ط	ش	خ
ج	ش	ى	ح	ب	ز	ر	ط	ل	ر	ج	د	ب	ر
ز	ا	خ	ى	ي	ص	ج	خ	ق	ا	ر	ة	ه	ي
ر	ظ	ل	غ	ئ	ت	ة	خ	س	ف	ة	س	ج	ك
م	ا	ء	ط	ة	ط	ا	ز	ح	ي	آ	ق	ز	ض
ض	ش	ذ	ى	ي	ب	ل	ن	ا	ة	ل	و	ي	ث
ط	ح	ئ	و	ئ	و	ح	ت	ب	إ	ت	م	ر	ش
ظ	ز	ى	ز	ح	غ	ر	ا	ل	ب	ع	ث	ة	ل
ن	ا	ع	ف	ا	ر	ا	ك	خ	ا	ش	ذ	ص	ك
ا	ع	ف	ى	إ	ا	ر	ج	ل	ي	د	د	س	ح
ؤ	م	ل	ؤ	ص	ف	ة	ئ	ب	ا	ح	ث	ذ	ش
ف	د	ح	م	غ	ي	ق	ب	ك	ج	ذ	إ	ئ	ح
خ	ل	ي	ج	ي	ا	ذ	ع	ي	غ	ب	آ	غ	ر

خليج
الحيتان
باحث
الحفظ
قارة
ماء
بيئة
البعثة
جغرافية
جليد

الجزر
هجرة
المعادن
سحاب
الطيور
شبه جزيرة
صخري
علمي
درجة الحرارة
طبوغرافيا

69 - Professions #2

م	ر	د	ذ	ط	ب	ي	ب	ذ	م	خ	ت	ر	ع
ر	ا	ة	ر	ي	ص	ة	ك	أ	ح	ي	ا	ئ	ي
ش	ئ	ك	ؤ	ا	ط	ض	آ	ف	ق	ح	ظ	ض	ث
ق	د	ؤ	ؤ	ر	ف	ب	ل	ة	ق	ع	ط	د	ج
ب	ف	ك	ى	ط	ج	ا	ي	ف	ي	ل	س	و	ف
س	ض	ث	ح	ى	ر	ح	آ	ب	ط	خ	و	ؤ	ظ
ت	ا	ش	ؤ	ش	ا	ث	ز	ؤ	أ	ت	ة	س	ر
ا	ء	د	ر	و	ح	ط	ق	غ	س	س	د	د	ذ
ن	ل	ش	ف	آ	إ	ن	ا	ق	آ	س	ن	ه	آ
ي	ح	م	ه	ن	د	س	م	ج	ل	م	ش	ا	س
ئ	ى	د	ص	ز	ا	ؤ	ص	د	ى	غ	ل	ن	ن
ش	ة	ر	ح	و	د	ج	إ	ل	د	و	و	ق	ب
ك	إ	س	ف	ت	ر	أ	س	ت	ا	ذ	ؤ	ي	ى
ث	أ	م	ي	ن	ا	ل	م	ك	ت	ب	ة	ث	ة

رائد فضاء
أمين المكتبة
أحيائي
باحث
جراح
طبيب أسنان
محقق
مدرس
المصور
مهندس

مخترع
بستاني
صحفي
لغوي
طبيب
دهان
فيلسوف
طيار
أستاذ

70 - Les Abeilles

ا	ب	ز	ي	ف	ؤ	ص	ج	ث	ط	ص	ق	ذ	ن
ل	غ	ه	إ	ا	ب	ط	ت	س	و	ي	س	ج	ت
ن	ش	ر	إ	ك	ت	ن	و	ع	ش	ج	ث	د	ح
ظ	ص	ل	ط	ه	أ	م	ل	ك	ة	ط	ع	ا	م
ا	ق	ؤ	ق	ة	ج	ذ	ط	م	س	ي	ش	ؤ	ا
م	س	د	خ	ا	ن	ر	ح	و	ض	ف	آ	ش	ل
ا	آ	ص	ل	ل	ح	د	ي	ق	ة	ع	س	آ	ز
ل	ي	و	ي	م	ة	ش	ن	ب	ا	ت	ا	ت	ه
ب	ع	د	ة	و	م	م	ر	خ	ض	ق	ى	ى	و
ي	س	ر	ب	ئ	ف	ع	و	ة	ش	م	س	ط	ر
ئ	ل	ى	و	ل	ي	ب	ض	ت	د	ظ	و	ف	ب
ي	ق	ى	ح	ذ	د	ر	ا	ذ	ذ	ذ	س	ظ	ظ
ب	د	ة	ت	ة	ش	ة	ؤ	ش	ؤ	ث	ف	ر	ى
ز	ق	ؤ	ع	ش	ؤ	ز	إ	ع	ي	ل	ج	ؤ	ذ

أجنحة
مفيد
شمع
تنوع
سرب
النظام البيئي
زهر
الزهور
فاكهة
دخان

الموئل
حشرة
حديقة
عسل
طعام
نباتات
لقاح
ملكة
خلية
شمس

71 - Dinosaures

ظ	ا	إ	ف	ن	ؤ	ي	ج	ر	ا	ي	ع	د	ق
ن	ص	ل	ى	ق	ة	ي	ش	ذ	ل	ح	و	ت	ب
ب	ح	ج	م	ك	ب	ي	ر	د	ز	ا	ا	ؤ	ل
و	ف	ع	ي	ا	ز	ك	ئ	ض	و	ئ	س	ت	ا
ؤ	ظ	ق	س	خ	م	ل	ح	ق	ا	خ	ب	م	ل
ؤ	ا	ؤ	ع	س	ى	و	ز	و	ح	ش	ي	و	ت
أ	ج	ن	ح	ة	ئ	د	ث	ي	ف	م	آ	ى	ا
ر	ا	ل	ح	ف	ر	ي	ا	ت	ع	ص	ؤ	ى	ر
ض	ف	إ	ف	ر	ب	ز	ض	ظ	د	ق	ت	ح	ي
ث	س	ث	ط	ي	ذ	ظ	ا	خ	ت	ف	ا	ء	خ
د	ب	ث	ي	س	ئ	ي	و	ذ	م	ت	ط	و	ر
ع	س	م	ى	ة	ش	إ	ل	ر	ا	ب	ت	و	ر
ض	ظ	آ	ك	ل	ة	ا	ل	ل	ح	و	م	ض	ا
ا	ل	أ	ن	و	ا	ع	ح	ل	ا	م	ل	و	ك

أجنحة
اختفاء
الأنواع
ضخم
تطور
الحفريات
كبير
الماموث
آكلة اللحوم

قبل التاريخ
فريسة
قوي
ذيل
رابتور
الزواحف
بحجم
أرض
وحشي

72 - Automne

إ	ض	ق	ة	ب	د	ت	ا	ؤ	غ	س	خ	م	ح
إ	ف	ص	ف	م	د	غ	ة	غ	إ	و	غ	ل	إ
ق	ئ	ا	ر	ح	ذ	ى	خ	ا	ن	م	ز	ر	ئ
خ	ى	ل	ا	د	ت	ع	ا	ل	ا	ي	ض	ف	ن
ت	ة	ث	م	ج	ز	ص	آ	ش	ك	ش	ف	آ	ن
ي	آ	ئ	و	آ	ظ	م	ر	ه	م	ؤ	ح	ب	إ
ء	ا	ن	ت	س	ك	ل	ا	و	خ	ك	ل	ز	ب
ح	إ	ئ	ض	و	و	ا	ل	ر	ا	و	ط	س	ق
ة	ر	ج	ه	م	خ	ب	ج	ر	ط	ق	ت	ة	ر
ب	ط	ر	ى	ه	ت	س	ؤ	ص	س	ا	ى	ذ	ص
ؤ	ب	ن	ؤ	ر	ا	ن	ز	س	ن	ش	ض	ب	ن
ع	ي	ق	ص	ج	ب	ر	خ	ن	ي	م	س	و	م
خ	ع	ى	ح	ا	ف	ت	ب	ق	ى	ن	ر	ذ	ي
ش	ة	ل	د	ن	ن	خ	ر	ص	ذ	آ	ى	ي	ذ

طقس
هجرة
الشهور
طبيعة
تفاح
موسمي
بستان
ملابس

نفضي
الكستناء
مناخ
الاعتدال
مهرجان
حرائق
صقيع
بلوط

73 - Conduite

ظ	د	ؤ	و	ج	ح	ل	خ	ق	ف	ي	ف	ص	ن
ة	ر	ن	ف	ق	آ	ك	ش	آ	ف	ك	ذ	ر	د
غ	ا	ز	ح	ر	ك	ة	ا	ل	م	ر	و	ر	س
إ	ج	ط	ا	د	خ	آ	ح	ا	م	ا	ا	أ	د
خ	ة	غ	د	م	ا	ل	ن	ق	ل	ج	ص	م	ل
ر	ن	ص	ث	ف	ح	ذ	ة	ئ	ك	م	س	ن	ل
ي	ا	ط	غ	ق	ت	ذ	ز	ع	ص	ض	ش	ة	ر
ط	ر	ش	ر	ط	ة	ا	ط	س	ف	ة	ك	ا	آ
ة	ي	غ	خ	ع	ق	ط	غ	ي	ج	ش	ذ	ى	ة
و	ة	ن	ج	ز	خ	ذ	ق	ا	ف	ز	ذ	ا	ؤ
ح	ق	س	ر	ع	ة	م	ح	ر	ك	خ	ط	ر	ي
ب	ك	و	ر	ض	ف	خ	ل	ة	ش	ؤ	ئ	خ	ق
ا	ع	ى	د	ط	ن	ن	غ	ا	ن	ف	ك	ص	ج
ب	ص	ب	ط	ر	ي	ق	غ	ث	ن	ث	د	ة	ت

حادث
شاحنة
وقود
خريطة
خطر
فرامل
كراج
غاز
رخصة
محرك

دراجة نارية
المشاة
شرطة
طريق
أمن
حركة المرور
النقل
نفق
سرعة
سيارة

74 - Plantes

ز	ب	ا	م	ب	و	ن	ب	ت	إ	ك	س	ن	ح
ش	و	ش	س	خ	ق	س	ذ	ع	م	ك	ت	ث	ع
ث	ش	ر	ف	ظ	ح	ح	إ	ع	ش	د	ن	ص	ة
ط	ح	ل	ب	ا	ص	ل	ب	ل	ا	ب	م	خ	ا
س	ز	س	ؤ	ؤ	ط	ع	ج	م	ب	ظ	و	ع	ذ
ح	ه	ذ	م	ف	م	ر	ذ	ا	ط	ف	ك	ح	د
ب	ر	إ	غ	ا	ب	ة	ر	ل	ى	ئ	ش	ئ	د
ظ	ة	ب	ب	ص	د	ش	ب	ن	ئ	آ	ج	ة	ح
ط	ظ	ج	ى	و	ت	آ	ز	ب	ص	غ	ر	ف	ب
آ	ط	ت	ى	ل	ؤ	ي	ظ	ا	ف	ب	ة	ب	ث
م	ا	ذ	ب	ي	ر	ي	ا	ت	ل	م	ا	ى	ى
ض	ى	ش	ر	ا	ل	ن	ب	ا	ت	ي	ة	ر	خ
ح	د	ي	ق	ة	ض	ف	ا	ل	ب	ت	ل	ة	م
أ	و	ر	ا	ق	ا	ل	ش	ج	ر	ع	ع	ي	ك

شجرة
بيري
بامبو
علم النبات
بوش
صبار
سماد
أوراق الشجر
زهرة
النباتية

غابة
تنمو
فاصوليا
عشب
حديقة
لبلاب
طحلب
البتلة
جذر
نبت

75 - Ferme #2

ف	و	ث	ب	ح	ح	ر	ل	ف	ض	ب	ا	م	ظ
خ	ا	ل	ر	ي	ظ	م	ه	ل	غ	ط	ل	ر	ح
أ	ر	ك	ش	ع	ي	ر	ب	ظ	ن	ة	ح	ق	ش
ح	و	و	ه	خ	ر	ج	ر	ا	ر	ض	ي	ق	آ
آ	ذ	ز	ف	ة	ة	ق	م	ح	ص	ر	و	ف	ن
ح	ب	و	ب	ذ	ر	ة	ن	إ	م	ز	ا	ر	ع
ت	ج	ر	ب	ح	ل	ي	ب	س	ت	ا	ن	ط	إ
ا	ق	د	ش	ا	ى	ث	ق	ت	ج	ض	ا	ح	ب
ز	ب	ع	آ	ز	آ	غ	ظ	ث	ظ	ى	ت	ن	ث
ي	ى	ي	ا	ل	ر	ا	ع	ي	ى	ن	ذ	ذ	ا
ل	و	ض	ط	ذ	ق	ط	ط	ع	ا	م	ك	ة	ئ
ك	إ	ق	ذ	ح	ب	ئ	ت	ة	ص	ش	ز	س	س
ش	م	ذ	ا	ل	خ	ض	ر	و	ا	ت	ض	م	خ
ج	ط	ب	س	إ	إ	ج	ن	ا	ض	ج	ض	د	ع

مزارع
الحيوانات
الراعي
قمح
بطة
فاكهة
حظيرة
الري
حليب
لهب

الخضروات
حبوب ذرة
خروف
ناضج
طعام
أوز
شعير
مرج
جرار
بستان

76 - École #1

ا	ح	ة	ط	ظ	ت	ع	ل	ا	م	ا	ت	م	ا
ل	ي	س	ت	ذ	ق	ز	ي	ل	د	ك	ز	آ	ص
م	ك	ت	ب	ة	إ	ز	ت	أ	ر	ر	ت	إ	ح
ج	ؤ	س	ل	ذ	و	ح	ع	ب	س	س	ا	ب	ا
ل	ا	ط	غ	ع	إ	س	ل	ج	ت	ي	ت	ل	ب
د	غ	ل	ز	س	ئ	ا	م	د	ر	آ	ع	آ	ع
ا	ط	ج	ك	إ	ا	ل	ر	ي	ا	ض	ي	ا	ت
ت	ظ	ث	ض	ت	ز	أ	ر	ة	ك	ك	م	ر	ح
د	إ	ش	ؤ	غ	ب	ر	ئ	ت	و	ى	ع	ى	ح
م	ج	ش	ر	ث	د	ق	ا	ظ	س	ض	ى	ح	ل
و	ر	ق	ح	ا	ل	ا	م	ت	ح	ا	ن	ا	ت
غ	ؤ	ث	ئ	س	م	م	ء	ض	ي	ر	ق	ل	م
ى	غ	ي	ف	ظ	ذ	ة	ص	ج	آ	ن	آ	ي	ظ
ا	ل	أ	ج	و	ب	ة	ف	ى	ض	ك	ن	ذ	ح

الأبجدية
اصحاب
مرح
ليتعلم
مكتبة
مكتب
كرسي
قلم
غداء
المجلدات

مدرس
الامتحانات
الكتب
علامات
الرياضيات
الأرقام
ورق
لغز
الأجوبة
صف

77 - Vacances #2

و	ج	ه	ة	ط	ر	ة	أ	ج	ن	ب	ي	ج	ظ
ع	ظ	ز	س	ؤ	ي	ص	ي	ئ	ج	ؤ	ص	و	ج
ش	ط	ض	ي	ظ	د	ج	م	ة	ص	ر	ل	ا	د
ة	ئ	ل	ح	ر	إ	ع	ج	ف	ص	خ	ك	ز	ا
ة	ز	ج	ة	ة	ة	ذ	ت	ن	ي	ك	د	س	ت
ر	ص	ي	ب	د	ش	ت	ف	س	آ	ز	ب	ف	ق
ش	ض	ش	ث	س	و	أ	ش	ق	ح	ز	ي	ر	آ
ا	ز	و	ذ	ا	د	ش	د	ق	ي	ذ	ف	ى	ا
ط	د	ح	ظ	ئ	خ	ي	م	ة	ا	ل	ن	ق	ل
ئ	ى	م	ز	خ	ر	ر	غ	ب	ث	ن	د	ط	ت
ث	ت	ا	ك	س	ي	ة	ث	ب	إ	ب	ق	ا	ر
و	م	ط	ع	م	ط	ا	ر	ر	ت	ت	ح	ر	ف
ر	ح	ل	ة	ت	ة	ظ	ي	س	آ	إ	ج	ر	ي
ا	ل	ت	ح	ف	ظ	ا	ت	خ	ي	ي	م	ى	ه

مطار
تخييم
خريطة
وجهة
أجنبي
فندق
جزيرة
الترفيه
بحر
جواز سفر

شاطئ
مطعم
التحفظات
تاكسي
خيمة
قطار
النقل
عطلة
تأشيرة
رحلة

78 - Temps

م	س	ت	ق	ب	ل	ف	ذ	ب	ب	ر	ض	ل	ق
ج	ا	ط	ر	ح	ج	س	ؤ	ة	ع	ى	ر	غ	ب
خ	ع	ب	ن	ع	ص	ا	ل	آ	ن	د	ش	ك	ل
إ	ة	ج	س	ض	ب	د	خ	د	ك	ك	ر	ك	ب
أ	م	س	ق	ص	ا	ش	ظ	و	خ	ن	ج	س	ى
ر	س	ن	ة	ر	ح	ه	م	ق	د	ف	م	ؤ	ك
ش	ر	ب	ذ	س	ي	ر	ؤ	ت	ق	ر	ظ	آ	ي
ا	ل	ي	و	م	ر	ب	ا	ا	ي	ي	و	م	ط
ل	س	ق	خ	ع	م	ت	ا	ل	ق	س	ن	و	ي
ع	ا	ل	ل	ي	ل	ق	ع	ظ	ة	ث	ح	آ	ي
ق	ي	ط	م	غ	ص	و	ط	ه	ب	و	ف	ة	د
د	ج	ل	ق	ؤ	غ	ي	ن	ي	ج	ى	و	و	م
ك	ا	إ	ي	ط	ث	م	ت	ر	غ	ص	ظ	ث	ح
ث	ف	ع	ث	ح	ف	ل	ف	ة	إ	ئ	ب	ر	ي

سنة
سنوي
بعد
اليوم
قبل
قريبا
تقويم
العقد
مستقبل
ساعة

أمس
يوم
الآن
صباح
وقت الظهيرة
دقيقة
شهر
الليل
أسبوع
قرن

79 - Maison

ك	ز	إ	ط	ق	ا	ز	م	س	غ	ص	ح	ر	س
ب	ا	ب	ج	ع	ض	ط	ط	ت	د	ش	ط	ا	ر
م	ف	ا	ت	ي	ح	م	ب	ا	س	غ	ز	ك	إ
ر	آ	غ	م	ن	د	س	خ	ئ	ؤ	ؤ	ر	ؤ	س
آ	إ	ن	إ	م	ي	ك	ي	ر	ق	ا	ك	ض	ق
ة	خ	ك	ي	خ	ق	خ	ن	ا	ف	ذ	ة	د	ف
م	ك	ن	س	ة	ة	ئ	ؤ	ص	ج	إ	ب	ى	ج
د	ك	ث	ن	ق	خ	د	ر	ن	و	و	ع	ى	ج
ف	م	ت	ع	ل	ب	ه	ذ	ك	ح	غ	ر	ف	ة
أ	ص	آ	ب	ظ	ع	غ	ف	ج	ة	ا	س	ئ	ح
ة	ب	ذ	ذ	ة	ي	س	م	ح	ض	ؤ	ئ	ؤ	ي
خ	ا	إ	ث	س	ج	ا	د	ة	ر	إ	ج	ط	ك
ي	ح	ك	ك	ر	ا	ج	ق	ب	و	آ	م	د	ر
آ	ؤ	إ	ض	ز	ف	ف	ط	ح	ز	ش	ق	غ	خ

مكنسة
مكتبة
غرفة
مدفأة
مفاتيح
سياج
مطبخ
دش
نافذة
كراج

علبه
حديقة
مصباح
مرآة
حائط
باب
ستائر
قبو
سجادة
سقف

80 - Légumes

و	إ	ع	آ	ا	ش	ا	ر	ص	ج	م	ى	ب	ب
ي	ي	ا	خ	ب	ف	ص	ج	ض	ز	ك	غ	ر	ق
آ	ب	ل	ج	ف	ل	ص	ب	خ	ر	س	و	ج	د
ن	ا	ج	ن	ذ	ا	ب	ر	ع	ب	ك	ص	ئ	و
م	ز	ش	ا	ن	آ	ش	ع	ا	ل	و	ظ	ك	ن
ص	ل	ط	ا	ط	و	ذ	ن	ي	ف	ف	ج	ر	س
ر	ا	ي	خ	ف	آ	خ	ر	ش	ت	ر	ط	ف	ل
ن	ء	س	ث	د	ف	ة	ن	ي	ط	ق	ي	س	ط
ؤ	ق	س	و	ئ	ط	ؤ	ل	ي	ب	ج	ن	ز	ة
م	ط	ا	م	ط	ة	ن	و	ت	ي	ز	ة	س	ك
ط	س	ك	ت	ى	ة	د	ب	ة	آ	ن	ف	خ	س
ط	ت	ت	ث	ا	ر	ك	ل	ا	ى	ح	ت	ذ	ى
آ	ع	د	ت	ؤ	خ	ص	ة	ب	ف	ض	ذ	ة	ق
و	ك	ة	ب	ز	ض	س	ث	ث	ن	ح	ق	ش	ت

ثوم
خرشوف
باذنجان
بروكلي
جزر
كرفس
فطر
يقطين
خيار
الكراث

سبانخ
زنجبيل
لفت
بصل
زيتون
بقدونس
بازلاء
فجل
سلطة
طماطم

81 - Plage

ص	ر	أ	ئ	د	غ	س	ي	غ	س	ي	ظ	ئ	ر
ز	ن	م	ز	ك	آ	ر	ب	ج	ث	ي	ي	ح	ص
م	س	ا	ل	ر	خ	ط	ع	ا	ص	د	ا	ف	ي
ن	س	ة	د	آ	ق	ا	ق	ا	ر	ب	د	ز	ف
ش	ث	ز	ت	ل	ج	ن	ف	ق	ز	ا	ن	ز	ط
ف	م	ي	م	ا	س	غ	ف	ث	ض	ا	ظ	خ	ب
ة	ر	غ	ت	ج	ل	ل	س	ب	ا	ح	ة	ع	آ
ن	ك	ك	ة	و	م	ث	ج	ج	ق	غ	إ	ذ	ن
آ	ب	ت	ج	ن	ك	ج	ب	ط	ن	ت	ى	س	ز
غ	ش	ئ	ض	م	ظ	ل	ة	ع	ط	م	ش	ب	ى
خ	ر	ل	ب	ح	ر	ق	ج	ص	ؤ	ق	م	ر	د
س	ا	ح	ل	ي	ج	ز	ي	ر	ة	ؤ	س	ث	ئ
ك	ع	ؤ	ع	ط	ل	ة	إ	آ	ي	ة	ظ	ا	ن
ع	ي	ث	ن	ن	ح	ك	ا	ث	ت	ل	د	ل	ذ

قارب
أزرق
اصداف
ساحل
سرطان
رصيف
جزيرة
لاجون
بحر
للسباحة
محيط
مظلة
رمل
صنادل
منشفة
شمس
عطلة
مركب شراعي

82 - Famille

ا	ل	ع	م	ن	ض	ص	ش	ا	ل	ز	و	ج	م
ب	ل	خ	ر	ز	ى	س	ق	س	ع	آ	ط	ث	ر
ن	ح	أ	ب	ج	د	ة	ي	ر	ط	م	غ	ث	ح
ة	ط	ع	ط	ح	ع	ل	ق	ؤ	ث	ز	ة	ق	ل
ث	ط	ر	ا	ف	غ	ة	آ	ح	ؤ	ط	ك	ؤ	ة
ت	ب	ي	ذ	ي	ا	ى	ر	ب	أ	خ	ت	ش	ا
خ	ط	ط	ق	د	و	ل	ط	ؤ	ف	س	ط	ق	ل
ب	ي	ف	ش	خ	ئ	ع	ت	ة	ق	ل	ث	ح	ط
خ	س	ل	ك	ج	د	ز	ب	ز	ظ	ف	ج	ك	ف
ح	ؤ	ل	ا	ب	ن	أ	خ	و	ا	ق	م	ي	و
م	ئ	ج	ب	ئ	ى	ض	ل	ج	ل	ث	آ	م	ل
ظ	د	و	ن	ر	ش	ا	خ	ة	أ	ب	ع	م	ة
ظ	غ	ع	ع	خ	ش	م	ط	ذ	ب	ذ	ب	أ	ز
ا	ل	أ	م	ذ	ؤ	آ	ك	ث	ص	ض	ص	آ	م

الزوج
الأم
أم
ابن أخ
العم
الأب
حفيد
أب
أخت
عمة

سلف
ابن عم
مرحلة الطفولة
طفل
الأطفال
زوجة
ابنة
شقيق
جدة
جد

83 - Oiseaux

آ	ا	م	ث	ف	ب	ط	ة	ذ	ا	ل	ب	ج	ع
ظ	ل	غ	ر	ض	ج	ح	ظ	ش	ل	ث	ب	خ	ض
ع	ط	ق	ث	ن	ع	ا	م	ة	غ	خ	غ	ر	ذ
ز	ا	م	و	ح	ة	ا	ا	ك	ر	ج	ا	م	ى
ن	و	ن	ئ	ا	ظ	ل	ل	ل	ا	ذ	ء	ة	ث
ق	و	ز	د	م	ف	ل	و	ض	ب	ن	س	ر	ة
ب	س	ك	م	ل	ن	ق	ق	إ	ي	ط	ص	ج	ذ
آ	ش	ل	م	ز	ع	ل	و	ج	ض	ى	ر	ه	خ
ذ	ش	غ	غ	ط	ص	ق	ا	ح	ة	ر	ث	ي	ة
ن	و	ر	س	و	ف	ن	ق	ز	م	ي	ل	ر	ق
د	ل	آ	ع	ق	و	ف	ئ	خ	ج	ا	ى	و	ل
س	ؤ	ذ	ز	ا	ر	ز	ا	غ	ع	ع	م	ن	ر
ت	ق	ا	ج	ن	م	خ	إ	م	ج	ة	ل	ة	ئ
ج	ط	ز	د	ن	إ	و	ز	د	ج	ا	ج	س	ش

نسر
نعامة
بطة
اللقلق
حمامة
الغراب
الوقواق
بجعة
نحام
هيرون

البطريق
عصفور
نورس
بيضة
إوز
الطاووس
ببغاء
البجع
دجاج
طوقان

84 - Disciplines Scientifiques

ل	ع	ل	م	ا	ل	أ	ع	ص	ا	ب	ى	ش	ى
ت	س	ق	ح	ج	ع	ل	م	ا	ل	ح	ر	ك	ة
غ	ط	ا	خ	ث	ة	غ	ب	ح	ر	ى	ف	ن	م
ذ	و	ت	ن	ك	ج	ي	و	ل	و	ج	ي	ا	ي
ي	و	ع	ش	ي	ئ	ز	ب	ص	ب	ع	ز	ب	ك
ة	ع	ل	م	ر	ا	س	إ	ص	و	ل	ي	ي	ا
آ	ل	م	ع	ة	ي	ت	ح	ح	ت	م	و	و	ن
ك	م	ا	ل	ك	ك	ح	ؤ	و	ا	ا	ل	ل	ي
ة	ا	ل	م	ر	ي	ص	و	م	ت	ل	و	و	ك
ع	ل	م	ا	ل	م	ن	ا	ع	ة	آ	ج	ج	ا
و	ن	ع	ل	إ	ي	ا	ل	ف	غ	ث	ي	ي	و
ن	ب	ا	ف	س	ا	ن	س	ب	ؤ	ا	ا	ا	و
خ	ا	د	ل	ئ	ء	ع	ؤ	د	د	ر	إ	ئ	س
ث	ت	ن	ك	د	ع	ل	م	ا	ل	ن	ف	س	ط

تشريح
علم الآثار
علم الفلك
بيولوجيا
علم النبات
كيمياء
جيولوجيا
علم المناعة
علم الحركة

لسانيات
ميكانيكا
علم المعادن
علم الأعصاب
تغذية
فيزيولوجيا
علم النفس
الروبوتات

85 - Émotions

م	ح	ر	ج	آ	ن	ؤ	ض	غ	م	ز	س	ن	ظ
ف	آ	خ	ا	ل	ل	ط	ف	ط	ي	ش	ل	و	ئ
ا	و	م	غ	ض	ب	ة	د	ر	ل	آ	ا	ر	ذ
ج	خ	و	ف	د	خ	ع	ط	س	ج	ئ	م	ك	ذ
أ	آ	ت	ي	خ	ق	ع	ل	ر	غ	ط	ر	ز	ر
ة	و	م	ف	م	و	و	خ	ح	ب	و	ح	ظ	ق
ئ	م	ى	ت	ع	د	ث	م	ح	ذ	ي	ع	ز	ت
ح	ن	ن	إ	د	م	ل	ل	ن	ح	ا	إ	ز	ؤ
ز	ف	ج	ئ	ك	ت	ح	ي	ا	ل	ه	د	و	ء
ن	آ	إ	ص	ل	ح	ا	ت	ن	ض	د	ر	ي	إ
ي	ش	ث	ا	د	م	ت	ظ	و	ظ	و	غ	ر	ط
ز	ي	ئ	خ	ث	س	ع	ى	خ	ى	ء	آ	آ	ز
ق	ن	ز	ظ	ل	ل	ض	س	ق	ذ	ؤ	ط	ج	ص
س	ن	ص	ط	ظ	ر	ش	ح	ص	إ	ئ	خ	ف	س

حب
هدوء
غضب
محتوى
محرج
ملل
متحمس
اللطف
مرح

سلام
خوف
شاكر
راض
مفاجأة
ميل
حنان
الهدوء
حزن

86 - Géographie

آ	س	ض	غ	ئ	ث	ة	ض	ر	ع	ل	ا	ط	خ
ط	د	ر	ه	ن	غ	ث	ة	ث	ظ	ص	ك	ج	ف
ق	ز	ة	ش	ة	ط	ي	ر	خ	ط	غ	ب	ص	م
ث	ق	م	ث	ب	غ	ى	ل	و	ط	ل	ا	ط	خ
إ	ا	ش	ح	خ	ر	م	ث	ق	ج	ث	ذ	ص	ل
ل	ر	ر	ؤ	ط	ب	ن	ا	ي	د	ي	ر	ي	م
د	ة	إ	ل	ا	ض	ط	ل	ر	ك	ر	ظ	ن	ح
ة	ا	ع	ب	ل	س	ق	ع	خ	ع	ؤ	ش	إ	ي
غ	ر	ل	ب	ا	ى	ة	ا	ة	ر	ي	ز	ج	ط
خ	ت	ب	ئ	س	ض	و	ل	غ	س	ل	ط	أ	ن
ح	ف	ا	غ	ت	ئ	ذ	م	ؤ	ص	ب	و	ن	ج
س	ا	س	آ	و	ة	ن	ي	د	م	ئ	ئ	ت	ا
ح	ع	ش	ي	ا	ث	ط	ة	ح	ة	ض	ك	ذ	إ
ش	ئ	ج	ط	ء	س	ظ	غ	ض	د	ل	ب	ل	د

ميريديان
العالمية
جبل
شمال
محيط
غرب
بلد
منطقة
جنوب
مدينة

ارتفاع
أطلس
خريطة
قارة
خط الاستواء
نهر
جزيرة
خط العرض
خط الطول
بحر

87 - Danse

ا	ا	ي	ف	ا	ر	غ	ي	ر	و	ك	ل	ا	ق
ل	ن	إ	م	ش	ة	ف	و	ر	ب	ل	ث	ل	ب
أ	ع	ر	ي	ق	ئ	ل	ث	ك	ص	ا	ج	م	ظ
ك	ح	خ	ن	إ	ض	ر	ي	ف	ر	س	ف	و	آ
ا	ة	ج	ن	ف	ز	م	ص	ى	ي	ي	ى	ق	ؤ
د	ث	غ	ج	و	ة	ف	ا	ق	ث	ك	و	ف	خ
ي	ة	م	ع	ن	غ	إ	م	ى	ق	ي	س	و	م
م	ر	ع	ا	ق	ي	إ	ب	ح	ا	ث	ذ	خ	ذ
ي	و	ع	ط	د	ؤ	ف	ج	خ	ف	ث	ي	ش	ت
ة	ب	ج	ف	ت	ح	ز	د	ص	ي	ن	آ	ق	م
ش	ص	ز	ة	ض	ر	ة	ر	ب	ع	م	ل	ك	ئ
ش	ق	ة	ر	د	ك	ح	م	ج	ذ	ي	ا	ج	ز
ت	خ	ض	ظ	ظ	ة	ك	ث	ص	د	ك	ي	ر	ش
ت	و	إ	ل	م	إ	ة	ف	ي	ب	ش	ز	ف	ق

الأكاديمية
فن
الكوريغرافيا
كلاسيكي
جثة
ثقافة
ثقافي
معبرة
عاطفة
نعمة

مرح
حركة
موسيقى
شريك
الموقف
بروفة
إيقاع
قفز
تقليدي
بصري

88 - Bâtiments

ؤ	ى	ن	ط	م	س	ر	ح	ق	ب	م	ق	ئ	ق
ؤ	ل	ض	ط	خ	ي	م	ة	ل	ظ	ت	ب	ج	ة
س	ى	ي	س	ت	ظ	غ	ت	ع	ج	ح	ئ	ر	ذ
ي	ب	ث	ز	ب	ش	ف	ة	ة	ك	ف	ض	ض	ج
ن	س	ز	س	ر	و	ق	ط	ف	س	م	ص	ن	ع
م	س	ت	ش	ف	ى	ك	ة	ن	و	ض	د	غ	م
ا	ح	ظ	ي	ر	ة	ر	ك	د	ب	م	ل	ع	ب
ل	م	د	ر	س	ة	ا	ئ	ق	ر	ب	ك	ق	آ
س	ي	م	إ	ب	س	ج	ت	ج	م	س	ق	ط	ز
ف	م	س	ذ	ت	د	ؤ	م	ف	ا	ص	ى	ب	ة
ا	ا	ل	م	ق	ص	و	ر	ة	ر	م	م	آ	ض
ر	ح	ش	ي	د	ة	آ	ص	خ	ك	م	ع	ي	ظ
ة	ا	ش	غ	إ	ح	ج	د	ن	ت	ض	ق	ة	ق
ض	ح	ج	ع	ئ	ئ	د	ت	ك	ث	ل	ى	ز	ش

السفارة
شقة
المقصورة
قلعة
سينما
مدرسة
كراج
حظيرة
مستشفى
فندق

مختبر
متحف
مرصد
ملعب
سوبر ماركت
خيمة
مسرح
برج
جامعة
مصنع

89 - Pêche

ن	ة	ل	خ	ط	ا	ف	ث	ق	ع	ق	س	ب	ل
ف	ز	ذ	ع	ع	ل	س	ش	ا	ط	ئ	ض	م	ؤ
م	س	ل	ك	م	م	س	خ	ر	ف	ق	ن	ع	و
ق	ا	ض	خ	ح	و	ب	ي	ب	و	خ	ه	د	ز
ف	ك	ء	ق	م	س	ح	ا	ن	ص	ب	ر	ا	ن
آ	ز	ص	ح	ث	م	ي	ش	ل	غ	و	ف	ت	آ
غ	ة	ف	ز	ر	ج	ر	ي	آ	غ	ئ	ن	و	ز
ص	ح	ض	ل	ذ	ح	ة	م	ف	ض	ة	ز	غ	و
س	خ	خ	م	د	و	ش	ث	إ	إ	ظ	ض	ع	ث
ث	ل	غ	ح	ت	ت	س	ص	ر	إ	خ	ئ	ى	ب
ة	ق	ة	ي	ت	ع	س	ق	ذ	ش	ف	ن	د	ط
ؤ	ج	و	ط	ت	ث	ا	ذ	ق	ض	س	ش	و	و
ي	ذ	ق	ظ	ذ	س	ق	ي	ض	ن	و	ج	ح	ص
س	ا	ك	ع	ؤ	م	ن	ح	ذ	ؤ	م	ا	ا	ى

طعم
قارب
خياشيم
خطاف
ماء
مبالغة
معدات
سلك
نهر

بحيرة
فك
محيط
سلة
صبر
شاطئ
وزن
الموسم

90 - Activités et Loisirs

ا	ز	ذ	ع	ف	ل	خ	ك	ك	د	ص	ز	ي	ق
ج	ل	ك	ق	ن	ث	و	ر	ص	د	ش	ن	ك	إ
ت	ش	ت	ت	آ	ر	ج	ة	ا	آ	ث	ر	ر	ئ
ص	ت	ب	س	ب	ا	ق	ا	ل	ل	و	ح	ة	ر
ف	خ	س	آ	و	ر	ى	ل	س	ط	ز	ئ	ا	ى
ح	ي	ت	ن	س	ق	و	ق	ف	ب	ة	ج	ل	خ
غ	ي	ن	د	ض	ف	ة	د	ر	م	ا	ن	س	ذ
ئ	م	ة	ح	ن	ص	ح	م	م	و	ل	ح	ل	ة
ج	و	ل	ف	ب	ي	س	ب	و	ل	ه	إ	ة	د
ب	ا	ل	ا	س	ت	ر	خ	ا	ء	و	ة	ا	س
ث	ص	ا	ل	ك	ر	ة	ا	ل	ط	ا	ئ	ر	ة
ل	ك	ل	ب	إ	م	ص	ث	غ	ص	ي	ف	ذ	ح
غ	ا	ا	ط	ج	ؤ	ة	ة	و	ن	ا	ن	آ	آ
ص	ي	د	ا	ل	س	م	ك	ص	و	ت	ض	ب	ط

سباحة
الهوايات
اللوحة
صيد السمك
الغوص
الاسترخاء
تصفح
تنس
الكرة الطائرة
السفر

التسوق
فن
بيسبول
كرة السلة
ملاكمة
تخييم
سباق
كرة القدم
جولف
بستنة

91 - Livres

ي	ذ	ص	ع	آ	ة	ل	ص	ل	ا	ت	ا	ذ	ر
ى	ل	ط	ذ	إ	ى	ي	و	ا	س	أ	م	و	د
ئ	ع	د	ب	م	ا	ل	ك	ل	ا	ق	ا	ي	س
ج	ر	ع	ش	ؤ	ا	ب	ا	ا	ك	ي	ن	س	ذ
ي	ب	د	أ	ل	ش	ا	ض	و	ة	غ	ص	آ	ؤ
ش	ة	و	ر	ف	س	ل	ي	خ	ي	ر	ا	ت	م
ة	ب	ا	ع	د	ل	ا	ح	و	ر	ي	س	ل	ر
س	و	ظ	ج	ق	س	ز	ز	خ	ن	ئ	ح	غ	ض
ي	ك	ب	ر	ن	ل	د	ؤ	ط	م	م	ث	ذ	ة
ت	ز	إ	ة	ع	ة	و	ا	ى	ة	غ	ب	ت	ظ
ظ	ك	ئ	ر	ا	ق	ا	س	إ	ا	ا	ة	ص	ق
خ	ؤ	ة	ع	و	م	ج	م	ظ	ك	م	ف	ف	ؤ
ث	ة	د	ي	ص	ق	ي	ظ	ؤ	د	ر	إ	ح	ن
ئ	ط	ئ	ف	ى	ؤ	ة	غ	ب	ض	ة	إ	ة	ة

مؤلف
مغامرة
مجموعة
سياق الكلام
الازدواجية
ملحمة
قصة
تاريخي
روح الدعابة
مبدع

قارئ
أدبي
الراوي
صفحة
ذات الصلة
قصيدة
شعر
رواية
سلسلة
مأساوي

92 - Pays #2

ل	آ	ل	ز	ج	ع	ض	أ	ي	ر	ل	ن	د	ا
ه	ا	ي	ت	ي	ؤ	ذ	ر	و	س	ي	ا	ب	ز
خ	ك	و	ؤ	م	ت	إ	ش	ر	غ	ي	م	د	ض
إ	ذ	ة	س	ؤ	ر	ع	إ	ف	ر	ن	س	ا	ك
ا	ل	ص	و	م	ا	ل	ن	ض	س	ر	د	ق	ي
ل	ل	ح	ن	و	ق	د	د	آ	و	ط	ئ	ا	ن
م	ا	ي	و	ط	ب	ئ	و	ج	ر	ت	ح	ل	ي
ك	ذ	ث	ا	ل	ص	ي	ن	ا	ي	ذ	س	د	ا
س	د	ض	ن	ب	ؤ	خ	ي	م	ا	ط	ر	ن	ل
ي	س	ط	ذ	س	ا	ز	س	ا	إ	ي	ض	م	س
ك	ؤ	ك	خ	ث	غ	ن	ي	ي	ى	إ	ة	ا	و
ب	ا	ك	س	ت	ا	ن	ا	ك	ط	ب	ح	ر	د
ز	ي	ة	ز	ش	أ	ل	ب	ا	ن	ي	ا	ك	ا
ل	ب	ن	ا	ن	أ	و	ك	ر	ا	ن	ي	ا	ن

ألبانيا
الصين
الدنمارك
فرنسا
هايتي
إندونيسيا
أيرلندا
جامايكا
اليابان
كينيا

لاوس
لبنان
المكسيك
أوغندا
باكستان
روسيا
الصومال
السودان
سوريا
أوكرانيا

93 - Fournitures d'Art

ل	م	ر	غ	ش	إ	ص	ا	ل	أ	ل	و	ا	ن
ف	م	ك	ج	ن	ب	إ	ط	ل	و	ز	ن	ض	ص
د	ح	ب	ر	و	د	ئ	ي	ا	أ	ر	ف	ر	م
ك	ا	م	ي	ر	ا	ا	ن	إ	ط	ف	ط	خ	غ
ر	ة	ب	ح	ق	ع	ل	ا	ن	د	ر	ك	ظ	ف
س	ط	ق	ش	ب	ة	ح	ا	ج	ق	ش	ك	ا	ع
ي	ا	ن	أ	ل	و	ا	ن	م	ا	ئ	ي	ة	ر
ب	و	ن	ض	ك	ي	م	ص	ك	ا	ن	خ	و	آ
ر	ل	ا	ت	ى	ر	ل	س	ي	ج	ى	ل	غ	ع
ع	ة	م	ف	ى	ح	ي	ش	خ	ت	ش	ي	س	ر
ذ	م	ظ	ز	ى	ت	ا	ل	ب	ا	س	ت	ي	ل
ؤ	ا	ى	ن	ف	ز	ح	ن	ي	ى	د	و	ب	ك
غ	ء	ع	م	ح	ن	د	و	ظ	ك	د	ي	ن	ث
أ	ق	ل	ا	م	ا	ل	ر	ص	ا	ص	ش	ب	ئ

أكريليك
ألوان مائية
طين
فرش
كاميرا
كرسي
فحم
الحامل
صمغ
الألوان

أقلام الرصاص
إبداع
ماء
حبر
ممحاة
نفط
الأفكار
ورق
الباستيل
طاولة

94 - Jouets

د	ح	س	ق	ش	ا	ح	ن	ة	ر	و	ب	و	ت
ا	م	س	ص	ط	ط	ي	ن	ج	ن	د	ز	ج	س
ش	ذ	ي	د	ر	ا	ج	ة	ؤ	ع	آ	ظ	ح	ز
ح	م	ا	ة	ن	ئ	ر	ض	خ	ك	ى	ص	خ	ى
ض	ل	ر	ك	ج	ر	ا	ل	ط	ب	و	ل	ط	ب
و	ز	ة	ة	ا	ة	ل	غ	ز	ي	آ	ط	س	ز
ف	ب	س	و	إ	و	د	ث	آ	ش	ق	ا	ن	ض
ر	إ	خ	ى	ا	ر	ه	ى	ع	ن	ب	آ	ي	ق
ص	ت	ك	آ	ظ	ق	ا	ر	ب	ج	ر	ت	ض	ى
ط	ا	ئ	ر	ة	ي	ن	ل	ع	ب	ن	ك	ر	ة
ل	ك	ل	ش	ؤ	ة	ا	ظ	ح	ص	ط	خ	ئ	ف
ل	ص	ط	ط	آ	ع	ت	د	غ	ر	ح	ي	ر	ط
م	ذ	ف	ن	ا	ل	ك	ت	ب	خ	ف	ا	ج	غ
أ	ل	ع	ا	ب	م	ف	ض	ل	ض	ن	ل	ق	ر

ألعاب
الكتب
الدهانات
دمية
لغز
روبوت
الطبول
قطار
دراجة
سيارة

طين
الحرف
طائرة
كرة
قارب
شاحنة
طائرة ورقية
شطرنج
مفضل
خيال

95 - Eau

ش	ؤ	ى	ض	ق	ظ	ج	ؤ	ق	ف	ث	ط	ح	ح
ظ	ض	د	ئ	ي	ئ	س	خ	ا	ن	ة	ل	د	م
غ	ا	ج	ك	ى	ؤ	ت	ف	ي	ض	ا	ن	ج	خ
س	ح	ظ	غ	ح	خ	ؤ	ب	ت	ب	ل	ة	ل	ي
ذ	ي	ى	د	ش	إ	ص	خ	أ	ئ	ر	ي	ي	ض
ى	ة	س	إ	ع	ع	ق	ا	م	إ	ي	ا	د	ظ
ئ	ث	ح	ج	ف	ص	ي	ر	و	ح	ص	ا	ب	ة
ؤ	ذ	م	ص	غ	ا	ع	و	ا	ك	ج	و	ة	ب
ك	ض	ح	ط	ا	ر	ف	م	ج	آ	ظ	ث	ك	ح
ل	م	ي	ب	ر	ط	و	ب	ة	ت	ب	خ	ر	ع
ز	ن	ط	آ	ق	ب	ك	ح	ث	ط	ث	ز	ذ	ج
ة	ر	إ	ق	ة	ص	ل	ي	ا	ؤ	ز	آ	ن	ل
ك	ش	د	ة	ر	ث	ص	ر	ؤ	ا	ئ	ح	ه	ن
م	س	ص	ج	ن	ض	ع	ة	ذ	ح	ذ	خ	ر	غ

الري
بحيرة
ثلج
محيط
إعصار
مطر
غارقة
أمواج
بخار

قناة
دش
تبخر
نهر
صقيع
سخان
جليد
رطب
رطوبة
فيضان

96 - Paysages

ر	ن	ب	ن	ب	ت	د	م	ئ	ص	ص	ى	ن	ط
ش	ق	ج	ى	ر	ل	م	س	ت	ن	ق	ع	ب	ي
ئ	ل	ب	د	ك	ن	ع	ل	ج	ه	ك	ك	ش	ؤ
ب	ت	ا	ب	ا	ت	ش	ز	ز	ر	ك	ن	ب	ز
ح	ت	م	ل	ن	ع	ؤ	ذ	ي	ئ	ئ	ك	ه	ف
ر	ص	ن	ص	و	ا	د	ي	ر	س	ز	ب	ج	ن
ة	و	ى	د	ب	ح	ي	ر	ة	س	ز	ؤ	ز	ك
ن	ل	ح	م	ر	ؤ	ش	ا	ط	ئ	ج	ش	ي	س
و	ا	ت	ل	ر	ا	ج	ج	س	ا	ت	خ	ر	ي
ؤ	د	ى	ت	ى	ذ	ب	ى	ف	إ	و	ض	ة	م
ث	و	ل	ل	ك	ز	ل	ص	ح	ر	ا	ء	م	ث
غ	س	خ	ا	ن	ش	ذ	ط	ج	ز	ح	ا	ح	ل
ج	ب	ل	ج	ل	ي	د	ح	إ	ي	ة	ل	ط	ج
ع	ث	ل	ا	ى	ش	ن	خ	ر	د	ث	ق	ت	ة

بحيرة
مستنقع
بحر
جبل
واحة
شبه جزيرة
شاطئ
تندرا
وادي
بركان

شلال
تل
صحراء
مصب
نهر
سخان
مثلجة
كهف
جبل جليد
جزيرة

97 - Nombres

س	ب	ع	ة	ع	ش	ر	ث	م	ا	ن	ي	ة	ع
ز	ت	ث	ش	ض	ب	ئ	ش	ش	ث	ث	ز	ب	ش
خ	ة	ة	ر	ب	ج	ت	ا	ب	ن	م	ن	ث	ر
م	إ	ط	ع	ح	ص	ق	س	ب	ا	ئ	ى	ا	و
س	ت	ة	ل	ش	ف	ز	ض	ت	ع	ح	ب	ئ	ن
ة	إ	غ	ز	أ	ر	ب	ع	ة	ش	ع	ث	ث	ل
ت	س	ع	ة	ع	ش	ر	آ	ا	ر	ئ	ل	م	ة
ي	د	ش	ع	ل	ن	ك	ك	و	ر	ض	ا	ا	ث
د	ظ	ص	ع	ف	ث	ئ	ج	ؤ	ق	ص	ث	ن	ل
ف	ذ	ث	ذ	ص	ؤ	ش	إ	ظ	ض	ح	ة	ي	ا
ع	ش	ر	ي	ئ	م	ن	ع	ي	ت	س	ع	ة	ث
غ	ش	ل	ئ	ح	س	آ	ئ	ز	ش	ب	ش	ع	ة
ز	أ	ر	ب	ع	ة	ع	ش	ر	ج	ع	ر	ش	ف
خ	م	س	ة	ع	ش	ر	د	ي	ح	ة	آ	ر	م

خمسة
اثنان
عشري
عشرة
ثمانية عشر
تسعة عشر
سبعة عشر
اثنا عشر
ثمانية
تسعة

أربعة عشر
أربعة
خمسة عشر
ستة عشر
سبعة
ستة
ثلاثة عشر
ثلاثة
عشرون
صفر

98 - Nature

ا	ص	ض	ذ	ق	غ	ة	ا	ح	ث	غ	ك	م	ا
ل	ح	ك	ج	ا	ر	س	ت	س	ع	ر	ه	ن	ل
ق	ر	ذ	ب	أ	ت	ح	ح	ئ	ط	ي	و	ي	ح
ط	ا	ة	ب	و	ن	ا	د	ث	ج	ن	ض	ؤ	ي
ب	ء	س	ا	ر	ل	ب	ت	ة	ا	ق	ب	ص	و
ا	ع	ئ	ع	ا	إ	ر	ذ	ا	ل	م	ؤ	م	ا
ل	ي	ق	ل	ق	ش	ي	س	إ	م	ث	ا	خ	ن
ش	ذ	إ	ط	ا	ض	ق	ل	ص	ى	ل	ذ	ك	ا
م	ح	ح	ض	ل	ب	ت	م	ث	ن	ج	م	ض	ت
ا	ن	ظ	د	ش	ا	آ	ي	ح	ص	ة	خ	آ	ن
ل	ل	ا	م	ج	ب	ك	ل	ي	ش	ئ	د	ا	ه
ي	ك	و	أ	ر	ا	ل	و	و	ي	ذ	ؤ	ل	ف
ج	آ	ن	و	خ	ك	ر	ح	ت	م	د	ث	د	ش
ص	ب	س	ى	ا	ي	ك	ي	ب	إ	ق	ف	ص	ح

نهر
غابة
مثلجة
سحاب
سلمي
ملاذ
بري
هادئ
استوائي
حيوي

النحل
مأوى
الحيوانات
القطب الشمالي
جمال
ضباب
صحراء
متحرك
تآكل
أوراق الشجر

99 - Bateaux

م	ر	س	ا	ة	ط	ظ	خ	غ	ن	س	ز	ت	ش
ط	و	ف	آ	س	أ	ب	ق	م	ق	م	إ	ث	د
م	ط	ح	ب	ل	م	ح	ي	ط	ب	ح	ر	ي	ش
ج	و	ا	خ	ع	و	ا	م	ة	ي	ر	ص	خ	ص
ا	ؤ	آ	ق	ؤ	ا	ر	ر	د	ج	ك	خ	ت	س
ل	ل	و	ع	م	ج	ج	ك	ف	ف	ر	ب	ا	ذ
س	ق	ز	ن	ه	ر	ل	ب	ح	ي	ر	ة	ث	ك
ا	ؤ	ى	و	ض	ت	ط	ش	ذ	ئ	ى	ش	آ	ج
ر	ل	ج	ز	ر	ي	ع	ر	ص	ك	و	ح	ذ	ى
ي	ا	ع	ع	ض	ق	م	ا	ع	ا	ي	ث	د	ة
ة	ظ	ئ	ب	ض	ة	ظ	ع	ن	ي	آ	إ	ل	ة
ر	ذ	ح	ب	ا	ة	ى	ي	ب	ا	ع	ن	ي	ش
و	ط	ا	ع	ث	ر	ص	م	ح	ك	ت	و	ب	إ
ا	ل	م	د	آ	ز	ة	ر	ر	خ	ي	ث	ط	ح

مرساة
عوامة
الزورق
حبل
طاقم
العبارة
نهر
كاياك
بحيرة
المد

بحار
سارية
بحر
محرك
بحري
محيط
طوف
أمواج
مركب شراعي
يخت

100 - Mesures

م	ب	س	ط	ل	ص	ا	ص	ع	آ	ب	ث	غ	ض
ك	ط	ن	و	ت	خ	ظ	ق	ع	ش	ث	ع	ر	ض
ي	ي	ت	د	ر	ج	ة	ة	م	ف	ر	ض	ا	ك
ج	ى	ي	أ	و	ق	ي	ة	ق	ة	ر	ي	م	ض
ط	ة	م	ث	ث	ذ	ق	ذ	ب	ب	ز	ض	ت	ى
خ	ى	ت	س	ك	ي	ل	و	غ	ر	ا	م	ر	ز
ظ	ص	ر	ق	س	ت	ا	ز	ش	ذ	ل	ي	ف	ط
ط	ظ	ل	ي	ت	ج	ل	ن	ظ	ط	ص	ث	ت	غ
ع	ض	آ	ى	ن	ئ	ط	ة	م	ا	و	ر	ف	ت
ى	ي	ن	و	ذ	ة	و	و	ز	ر	ت	د	ع	ت
ح	ا	ؤ	ك	ك	ي	ل	و	م	ت	ر	ق	ج	ب
آ	د	ي	ة	ظ	ر	ئ	ت	س	ف	ق	ي	و	و
ف	ظ	ص	و	ز	غ	س	خ	ط	ا	ظ	ق	ض	ص
غ	ص	ك	ا	ة	ك	ج	ح	س	ع	ش	ة	ص	ة

سنتيمتر
درجة
عشري
غرام
ارتفاع
كيلوغرام
كيلومتر
عرض
لتر
الطول
كتلة
متر
دقيقة
بايت
أوقية
وزن
بوصة
عمق
طن
الصوت

1 - Été

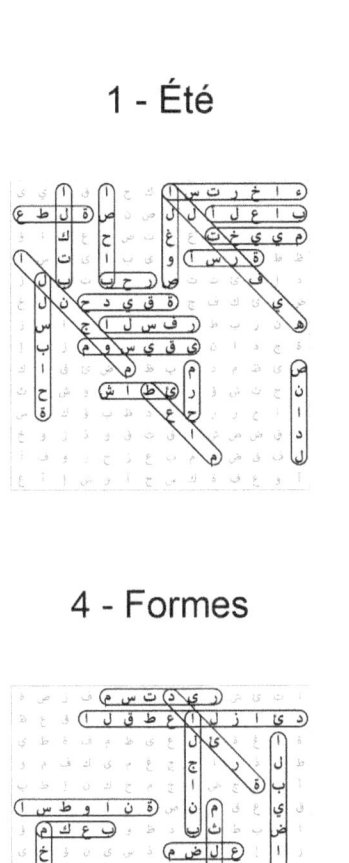

2 - Adjectifs #2

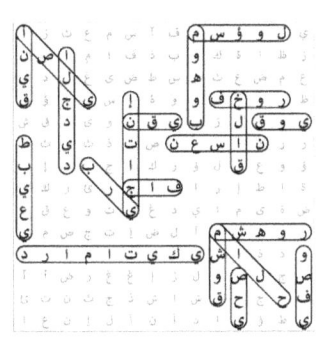

3 - Exploration

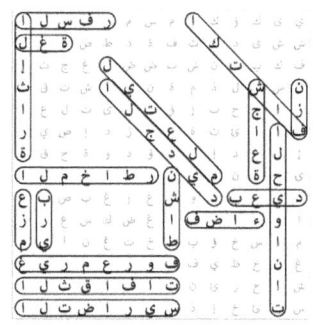

4 - Formes

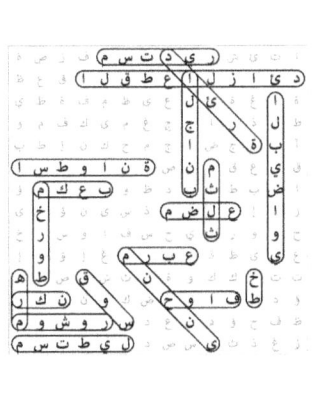

5 - Adjectifs #1

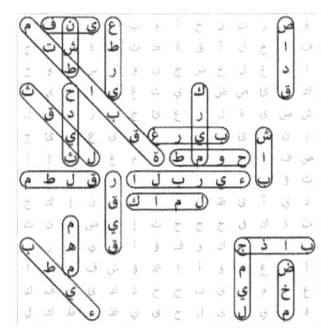

6 - Instruments de Musique

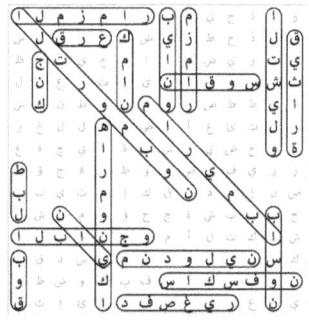

7 - Échecs

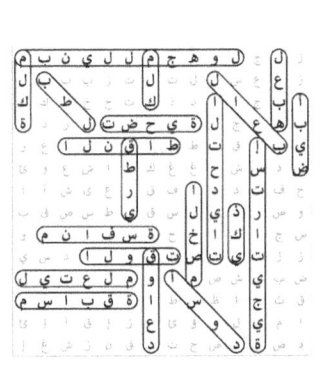

8 - Herboristerie

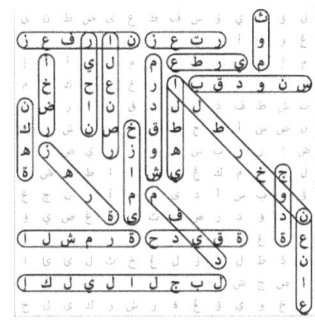

9 - Véhicules

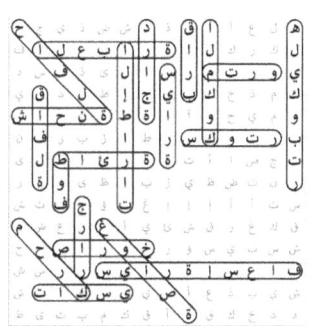

10 - Camping

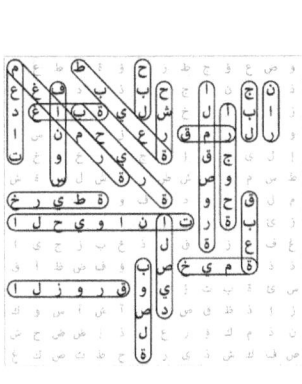

11 - Conservation

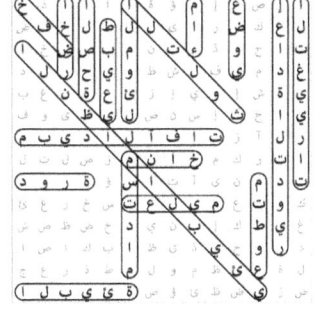

12 - Écologie

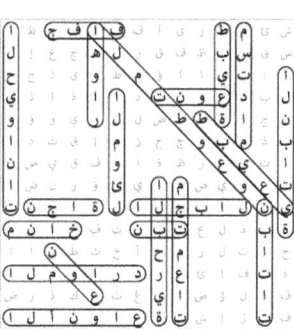

13 - Astronomie

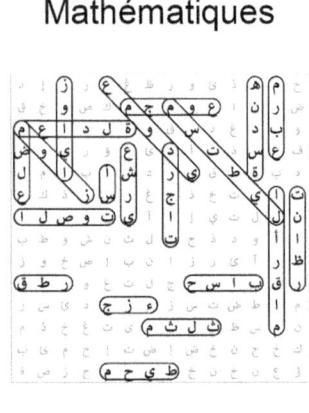

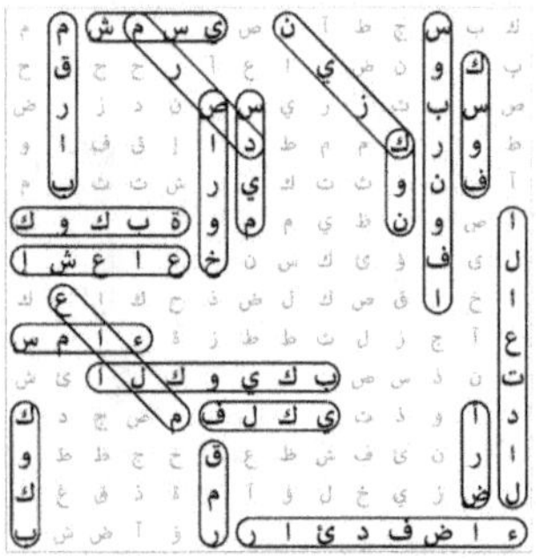

14 - Types de Cheveux

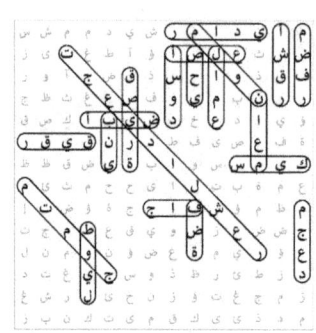

15 - Restaurant #1

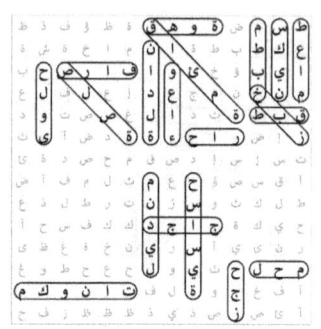

16 - Mammifères

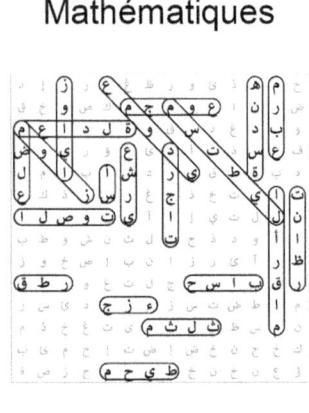

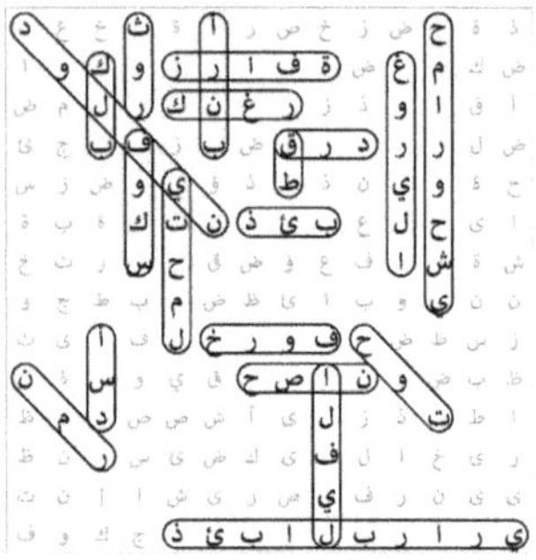

17 - Sports

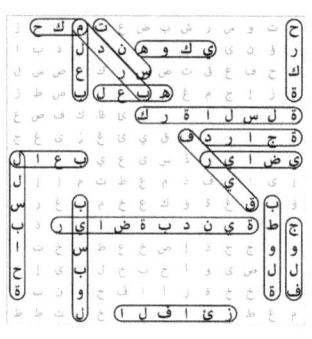

18 - Chocolat

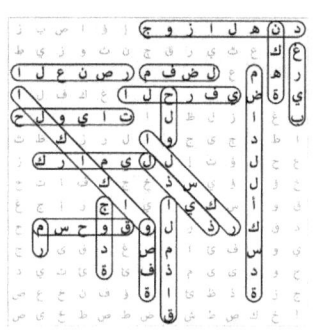

19 - Mathématiques

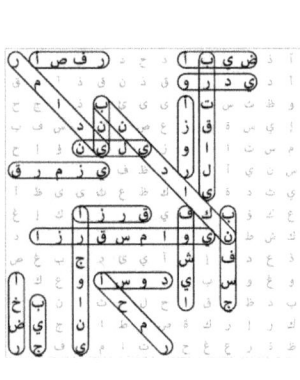

20 - Mythologie

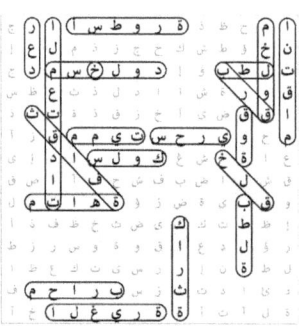

21 - Restaurant #2

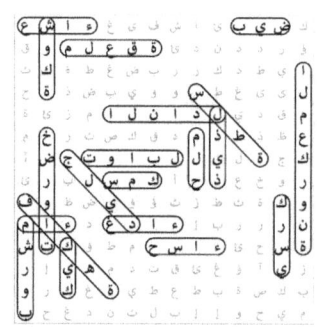

22 - Couleurs

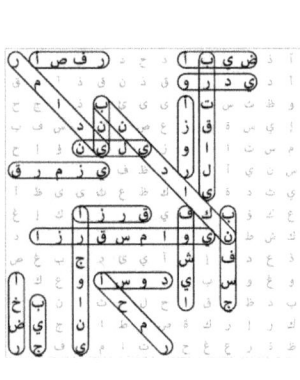

23 - Avions

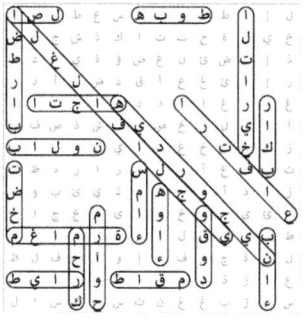

24 - Aventure

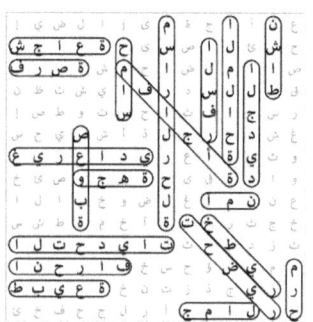

25 - Ville

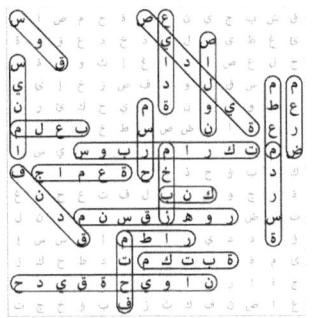

26 - Cuisine

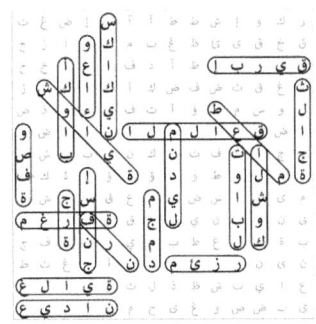

27 - Gentillesse

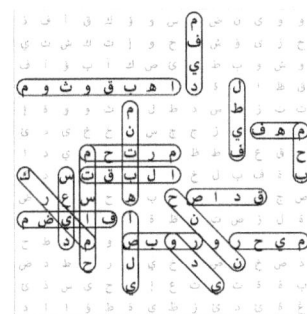

28 - Corps Humain

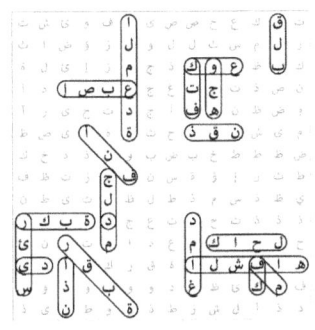

29 - Épices

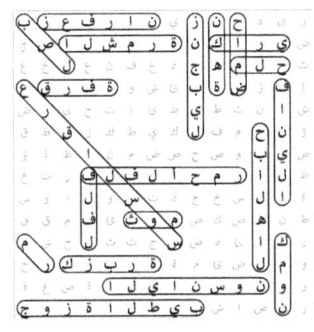

30 - Science

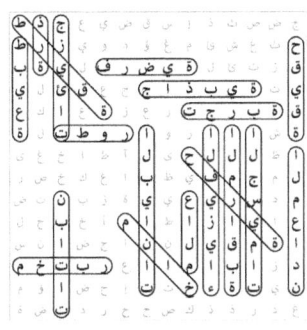

31 - Chats

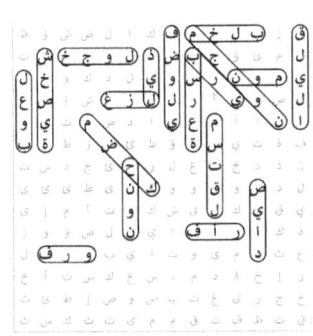

32 - Vêtements

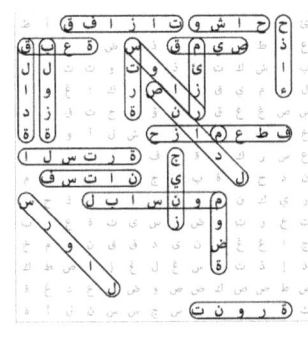

33 - Arts Visuels

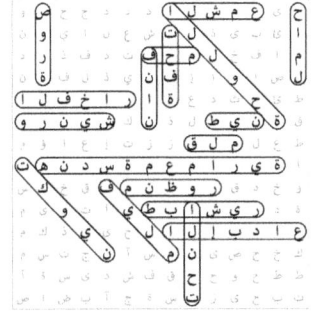

34 - Méditation

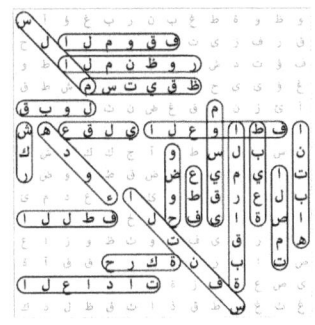

35 - Littérature

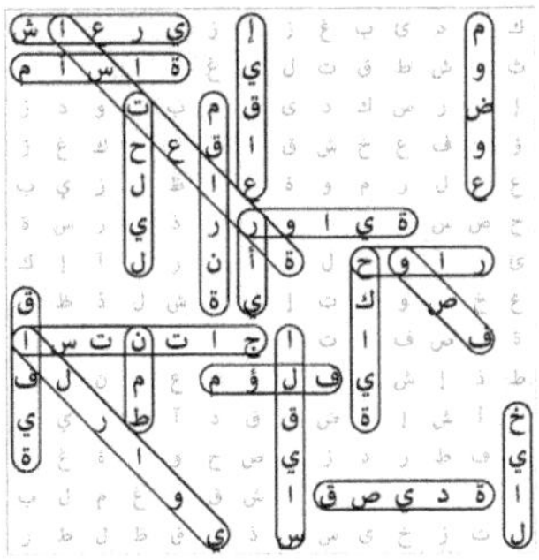

36 - Nourriture #1

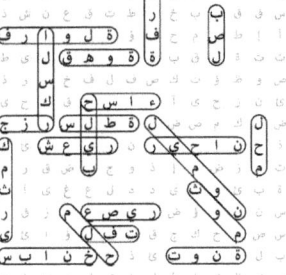

37 - Jours et Mois

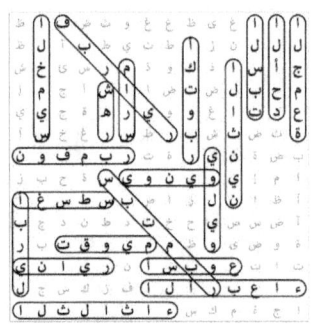

38 - Pirates

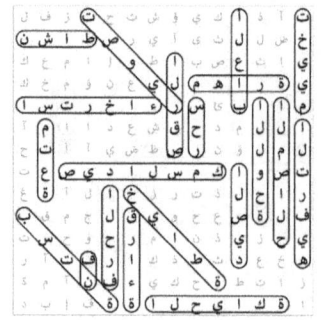

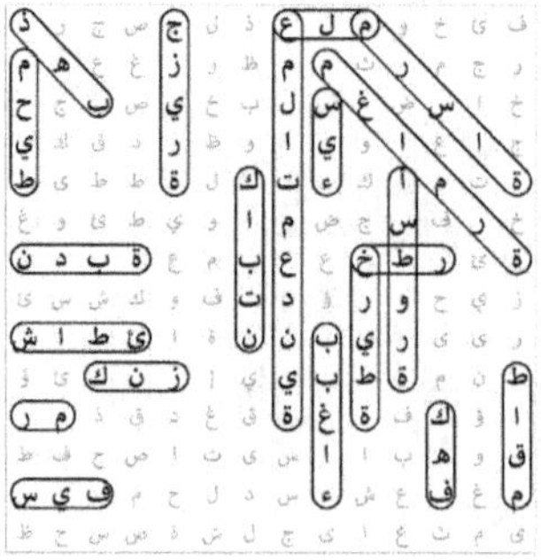

39 - Activités

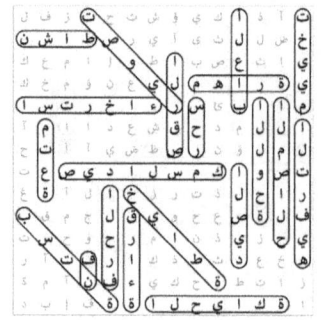

40 - Fleurs

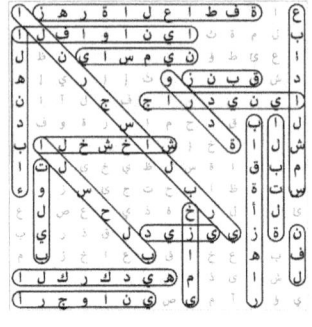

41 - Nourriture #2

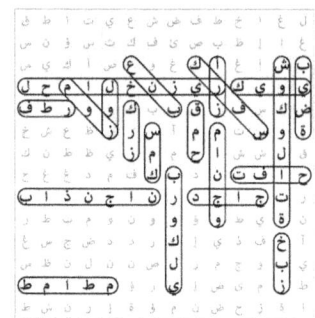

42 - Océan

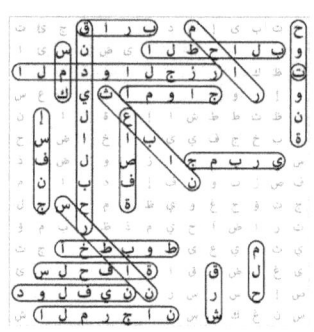

43 - Remplir

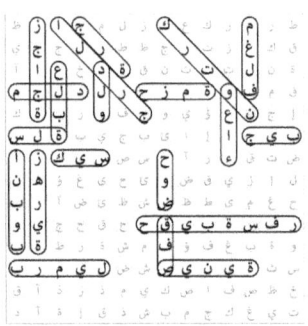

44 - Ballet

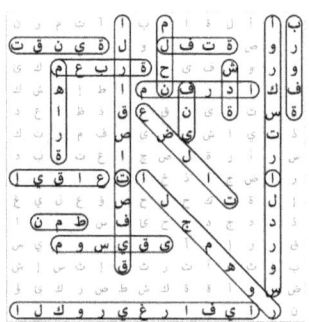

45 - Fruit

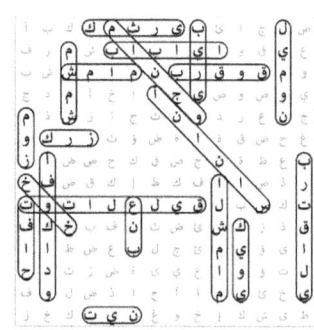

46 - Surf

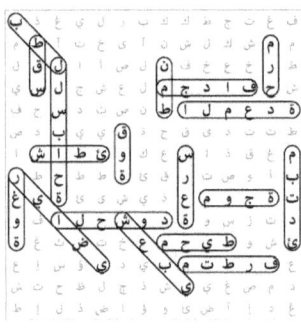

47 - Technologie

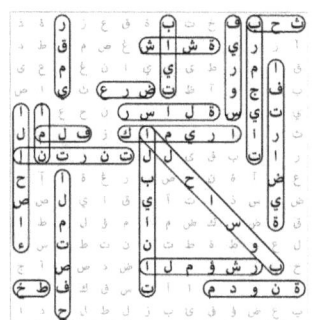

48 - Comédie

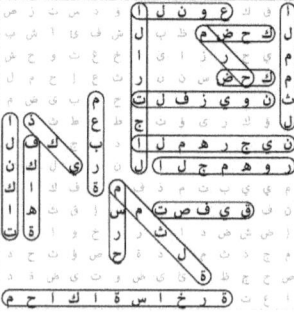

49 - Météo

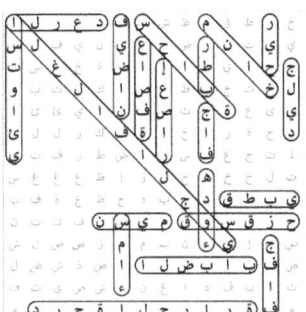

50 - Châteaux

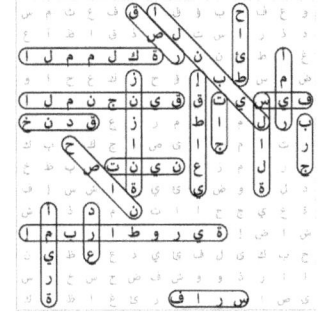

51 - Randonnée

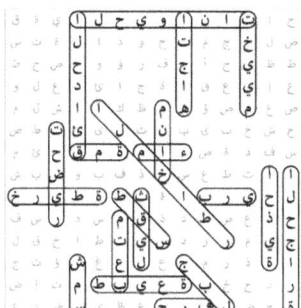

52 - Art

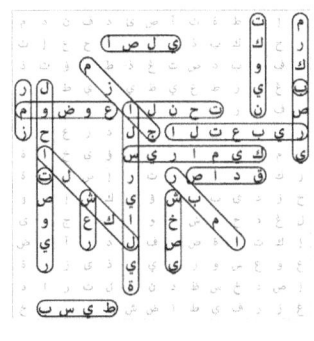

53 - Nutrition

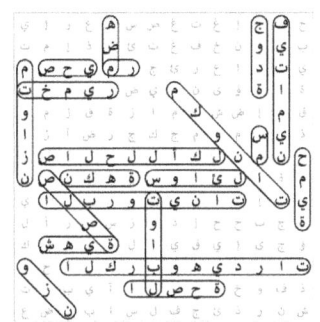

54 - Science Fiction

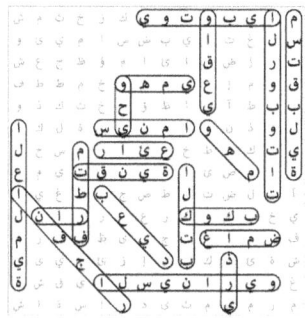

55 - Vertus #1

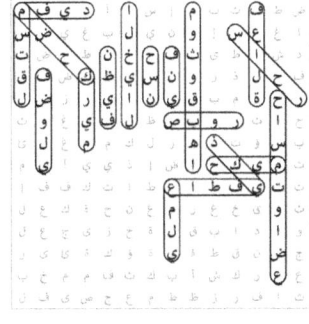

56 - Professions #1

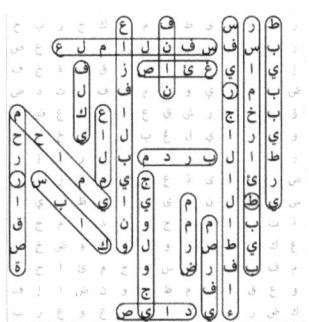

57 - Géologie

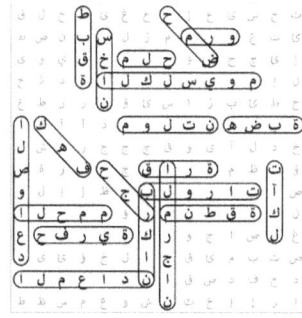

58 - Cirque

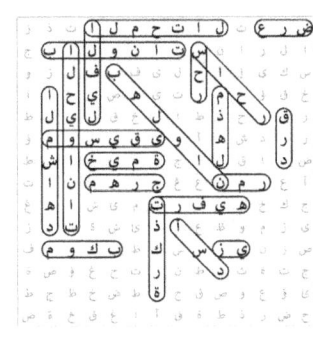

59 - Jardin

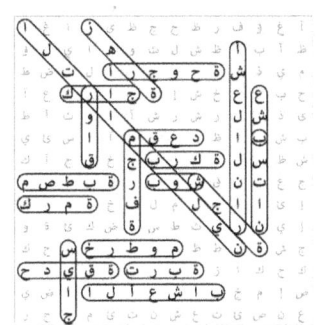

60 - Barbecues

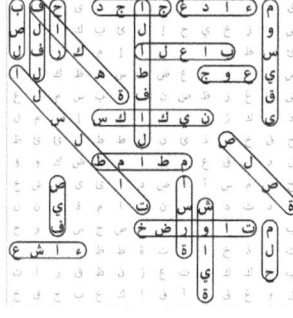

61 - Anniversaire

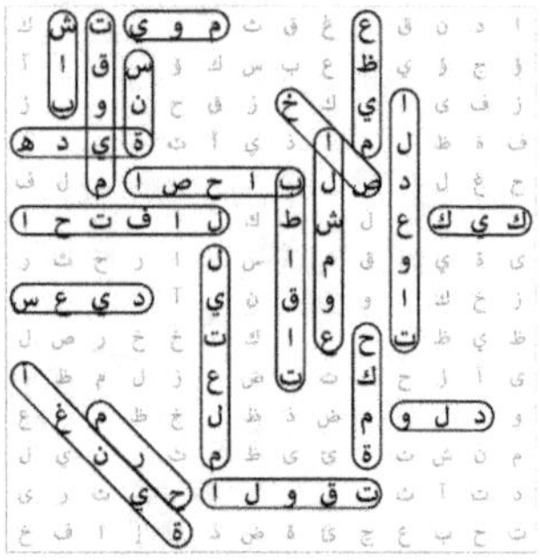

62 - Animaux de Compagnie

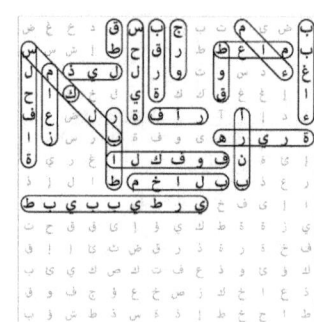

63 - Forêt Tropicale

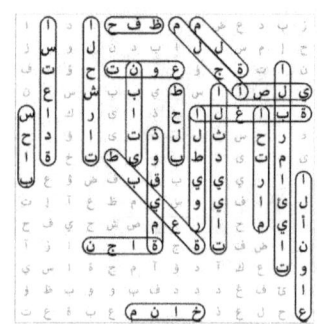

64 - Insectes

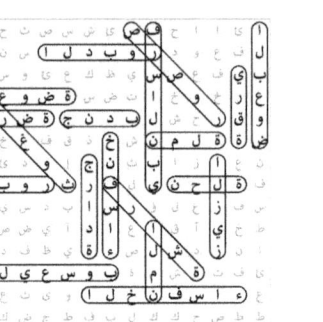

65 - Ferme #1

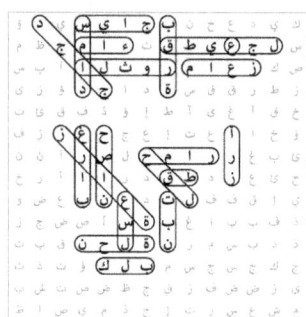

66 - Escalade

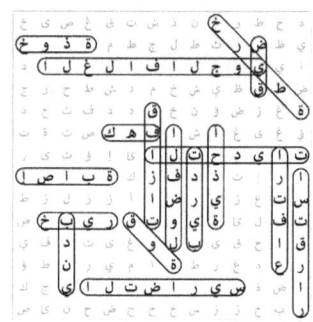

67 - École #2

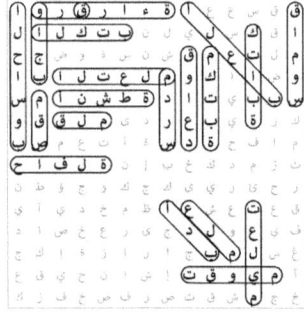

68 - Antarctique

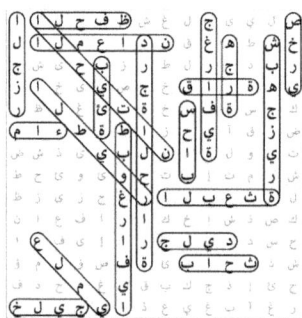

69 - Professions #2

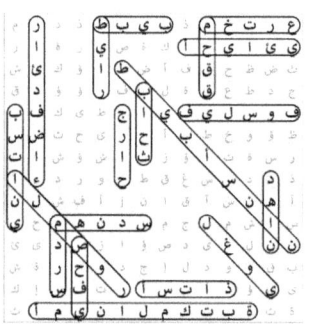

70 - Les Abeilles

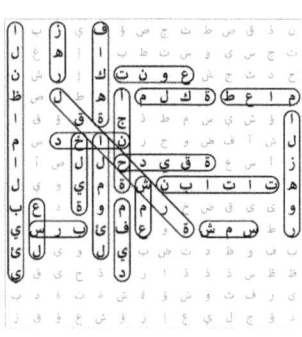

71 - Dinosaures

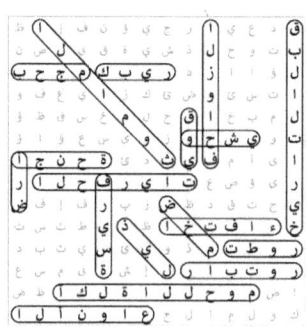

72 - Automne

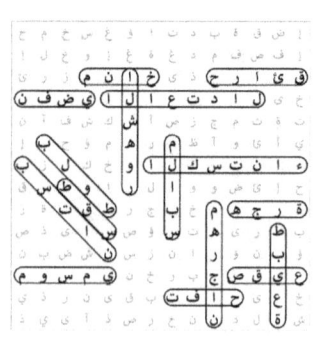

73 - Conduite

74 - Plantes

75 - Ferme #2

76 - École #1

77 - Vacances #2

78 - Temps

79 - Maison

80 - Légumes

81 - Plage

82 - Famille

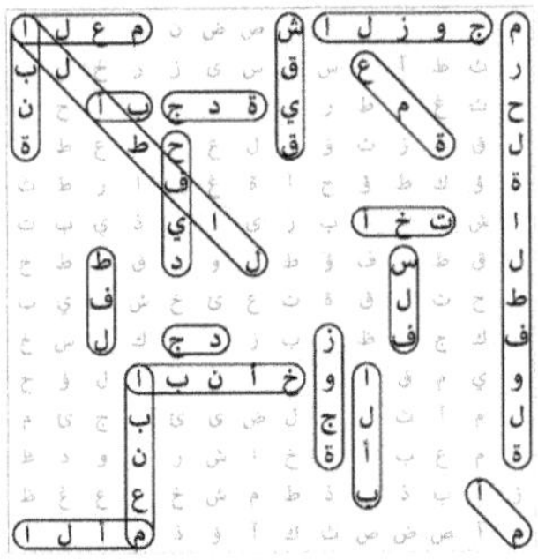

83 - Oiseaux

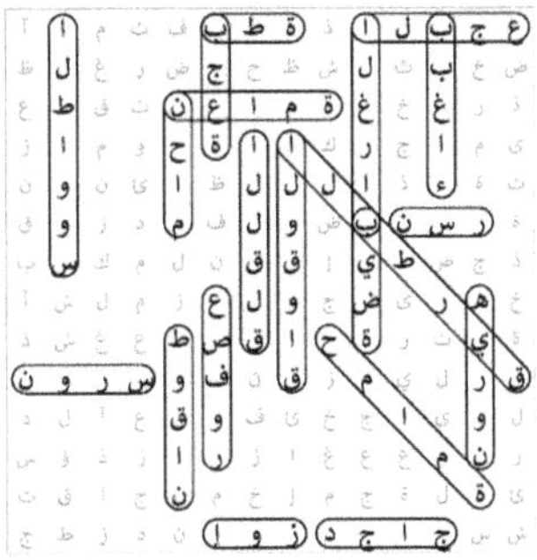

84 - Disciplines Scientifiques

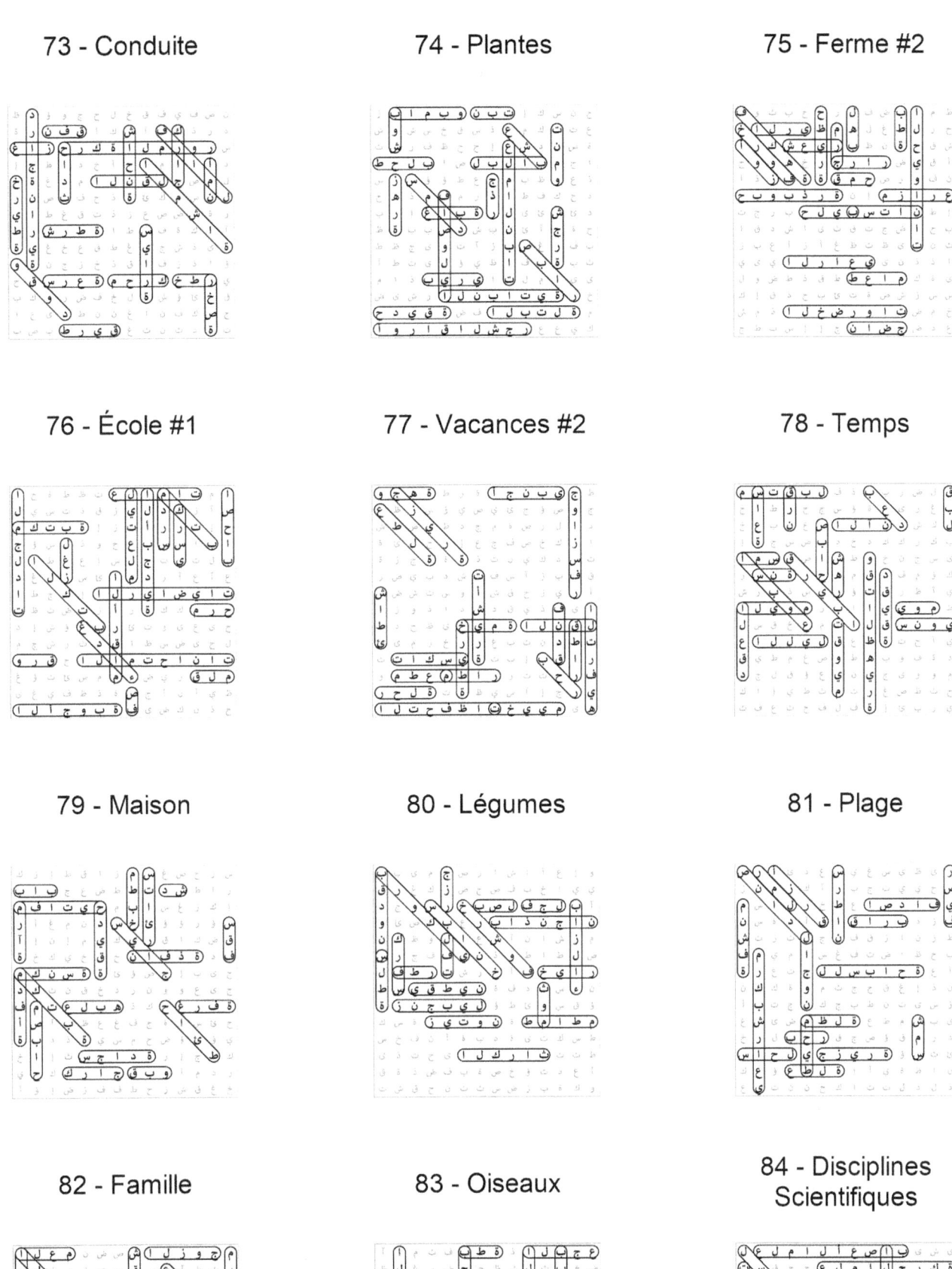

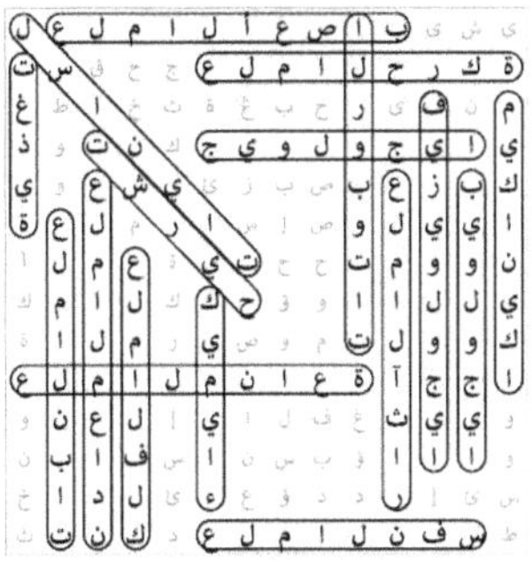

85 - Émotions

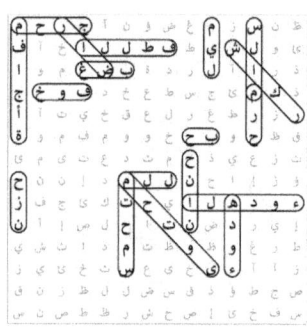

86 - Géographie

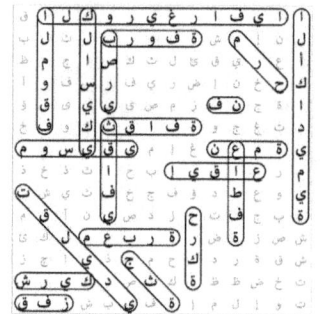

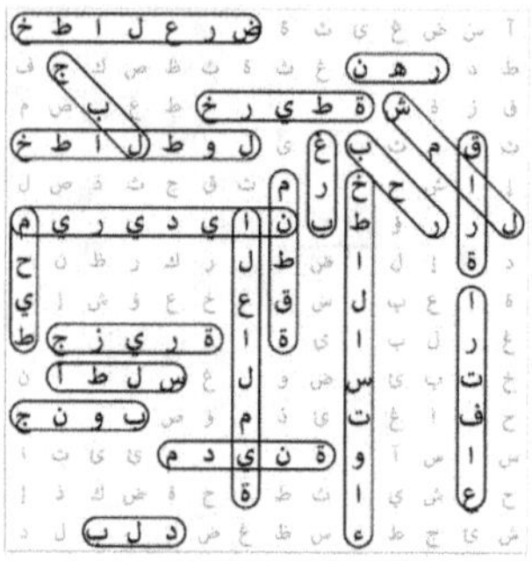

87 - Danse

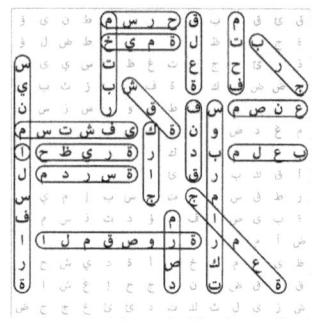

88 - Bâtiments

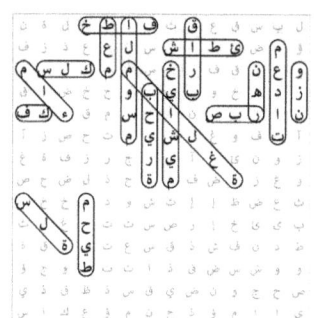

89 - Pêche

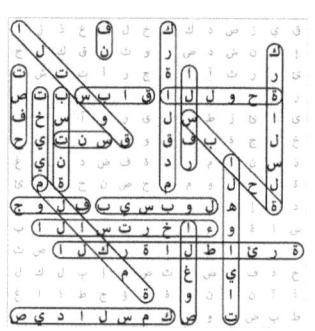

90 - Activités et Loisirs

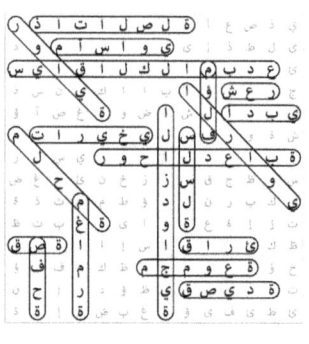

91 - Livres

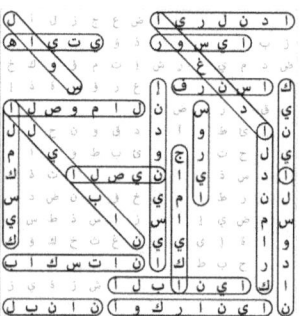

92 - Pays #2

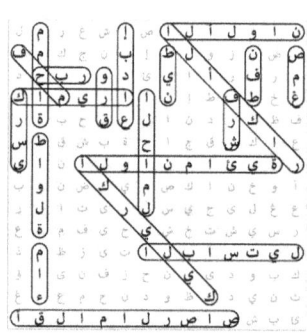

93 - Fournitures d'Art

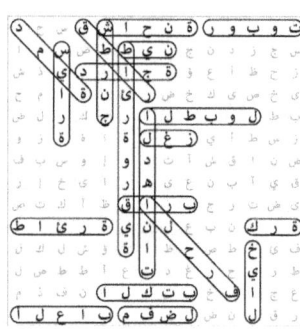

94 - Jouets

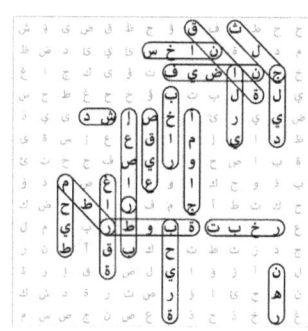

95 - Eau

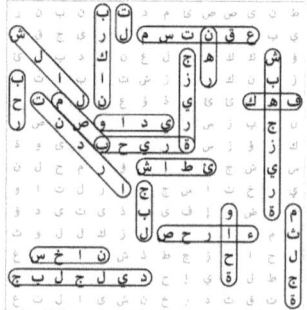

96 - Paysages

97 - Nombres

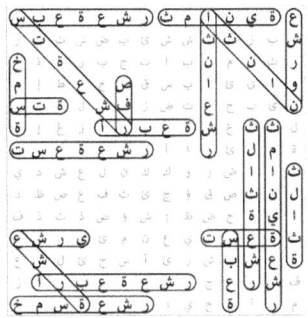

98 - Nature

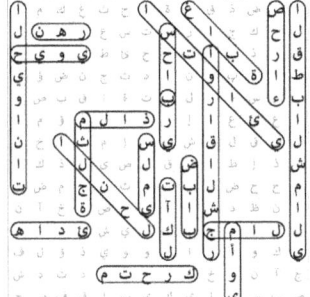

99 - Bateaux

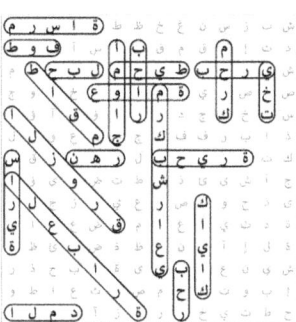

100 - Mesures

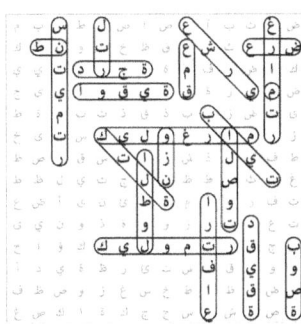

Dictionnaire

Activités
الأنشطة

Activité	نشاط
Art	فن
Artisanat	الحرف
Camping	تخييم
Chasse	الصيد
Compétence	مهارة
Couture	خياطة
Danse	الرقص
Intérêts	المصالح
Jardinage	بستنة
Jeux	ألعاب
Lecture	قراءة
Loisir	الترفيه
Magie	سحر
Peinture	اللوحة
Pêche	صيد السمك
Photographie	تصوير
Plaisir	متعة
Relaxation	استرخاء
Tricot	الحياكة

Activités et Loisirs
الأنشطة والترفيه

Achats	التسوق
Art	فن
Base-Ball	بيسبول
Basket-Ball	كرة السلة
Boxe	ملاكمة
Camping	تخييم
Course	سباق
Football	كرة القدم
Golf	جولف
Jardinage	بستنة
Nager	سباحة
Passe-Temps	الهوايات
Peinture	اللوحة
Pêche	صيد السمك
Plongée	الغوص
Relaxant	الاسترخاء
Surf	تصفح
Tennis	تنس
Volley-Ball	الكرة الطائرة
Voyage	السفر

Adjectifs #1
الصفات #1

Absolu	مطلق
Actif	نشط
Ambitieux	طموح
Aromatique	عطري
Artistique	فني
Attractif	جذاب
Beau	جميل
Exotique	غريب
Énorme	ضخم
Généreux	كريم
Honnête	صادق
Identique	متطابقة
Important	مهم
Innocent	البريء
Jeune	شاب
Lent	بطيء
Lourd	ثقيل
Mince	رقيق
Moderne	حديث
Parfait	كامل

Adjectifs #2
الصفات #2

Authentique	أصلي
Célèbre	مشهور
Créatif	خلاق
Descriptif	وصفي
Doué	موهوب
Dramatique	دراماتيكي
Élégant	أنيق
Fier	فخور
Fort	قوي
Intéressant	مشوق
Naturel	طبيعي
Nouveau	الجديد
Productif	إنتاجي
Pur	نقي
Responsable	مسؤول
Sain	صحي
Salé	مالح
Sauvage	بري
Sec	جاف
Somnolent	نعسان

Animaux de Compagnie
الحيوانات الأليفة

Chat	قط
Chaton	هريرة
Chèvre	ماعز
Chien	كلب
Chiot	جرو
Collier	طوق
Eau	ماء
Griffes	مخالب
Laisse	رباط
Lapin	أرنب
Lézard	سحلية
Nourriture	طعام
Pattes	الكفوف
Perroquet	ببغاء
Poisson	سمك
Queue	ذيل
Souris	فأر
Tortue	سلحفاة
Vache	بقرة
Vétérinaire	طبيب بيطري

Anniversaire
عيد ميلاد

Amis	اصحاب
Amusement	مرح
Année	سنة
Apprendre	يتعلم
Bougies	الشموع
Cadeau	هدية
Calendrier	تقويم
Cartes	بطاقات
Chanson	أغنية
Fête	احتفال
Gâteau	كيك
Heureux	سعيد
Invitations	الدعوات
Jeune	شاب
Jour	يوم
Né	ولد
Sagesse	حكمة
Spécial	خاص
Super	عظيم
Temps	الوقت

Antarctique
القارة القطبية الجنوبية

Baie	خليج
Baleines	الحيتان
Chercheur	باحث
Conservation	الحفظ
Continent	قارة
Eau	ماء
Environnement	بيئة
Expédition	البعثة
Géographie	جغرافية
Glace	جليد
Îles	الجزر
Migration	هجرة
Minéraux	المعادن
Nuage	سحاب
Oiseaux	الطيور
Péninsule	شبه جزيرة
Rocheux	صخري
Scientifique	علمي
Température	درجة الحرارة
Topographie	طبوغرافيا

Art
الفن

Céramique	سيراميك
Complexe	مركب
Composition	تكوين
Dépeindre	تصوير
Expression	التعبير
Figure	الشكل
Honnête	صادق
Humeur	مزاج
Inspiré	ربما
Original	أصلي
Peintures	لوحات
Personnel	شخصي
Poésie	شعر
Sculpture	النحت
Simple	بسيط
Sujet	موضوع
Surréalisme	السريالية
Symbole	رمز
Visuel	بصري

Arts Visuels
الفنون البصرية

Architecture	هندسة معمارية
Argile	طين
Artiste	فنان
Charbon	فحم
Chef-D'Œuvre	تحفة
Chevalet	حامل
Cire	الشمع
Composition	تكوين
Craie	طباشير
Créativité	الإبداع
Film	فيلم
Peinture	اللوحة
Perspective	منظور
Portrait	صورة
Poterie	الفخار
Sculpture	النحت
Stylo	قلم
Vernis	ورنيش

Astronomie
علم الفلك

Astéroïde	الكويكب
Astronaute	رائد فضاء
Astronome	فلكي
Ciel	سماء
Constellation	كوكبة
Cosmos	عالم
Éclipse	كسوف
Équinoxe	الاعتدال
Fusée	صاروخ
Lune	قمر
Météore	نيزك
Nébuleuse	سديم
Observatoire	مرصد
Planète	كوكب
Radiation	إشعاع
Solaire	شمسي
Supernova	سوبرنوفا
Terre	أرض
Télescope	مقراب
Univers	كون

Automne
الخريف

Caduc	نفضي
Châtaignes	الكستناء
Climat	مناخ
Équinoxe	الاعتدال
Festival	مهرجان
Feux	حرائق
Gel	صقيع
Gland	بلوط
Météo	طقس
Migration	هجرة
Mois	الشهور
Nature	طبيعة
Pommes	تفاح
Saisonnier	موسمي
Verger	بستان
Vêtements	ملابس

Aventure
مغامرة

Activité	نشاط
Beauté	جمال
Bravoure	شجاعة
Chance	فرصة
Dangereux	خطير
Destination	وجهة
Défis	التحديات
Difficulté	صعوبة
Enthousiasme	حماس
Excursion	انحراف
Inhabituel	غير عادي
Itinéraire	مسار الرحلة
Joie	مرح
Nature	طبيعة
Navigation	الملاحة
Nouveau	الجديد
Préparation	تحضير
Sécurité	أمن
Surprenant	مفاجأة
Voyages	السفر

Avions
الطائرات

Air	هواء
Atmosphère	الغلاف الجوي
Atterrissage	هبوط
Aventure	مغامرة
Ballon	بالون
Carburant	وقود
Ciel	سماء
Construction	بناء
Descente	أصل
Direction	اتجاه
Équipage	طاقم
Gonfler	تضخم
Hauteur	ارتفاع
Hélices	حوارم
Histoire	التاريخ
Hydrogène	هيدروجين
Moteur	محرك
Passager	راكب
Pilote	طيار
Turbulence	اضطراب

Ballet
باليه

Applaudissement	تصفيق
Artistique	فني
Chorégraphie	الكوريغرافيا
Compétence	مهارة
Compositeur	ملحن
Danseurs	الراقصات
Expressif	معبرة
Geste	لفتة
Intensité	شدة
Leçons	الدروس
Muscles	عضلات
Musique	موسيقى
Orchestre	أوركسترا
Public	الجمهور
Répétition	بروفة
Rythme	إيقاع
Solo	منفرد
Style	نمط
Technique	تقنية

Barbecues
حفلات الشواء

Chaud	حار
Couteaux	سكاكين
Déjeuner	غداء
Dîner	عشاء
Enfants	الأطفال
Été	صيف
Faim	جوع
Famille	أسرة
Fruit	فاكهة
Gril	شواية
Jeux	ألعاب
Légumes	خضروات
Musique	موسيقى
Oignons	بصل
Poivre	فلفل
Poulet	دجاج
Salades	السلطات
Sauce	صلصة
Sel	ملح
Tomates	طماطم

Bateaux
القوارب

Ancre	مرساة
Bouée	عوامة
Canoë	الزورق
Corde	حبل
Équipage	طاقم
Ferry	العبارة
Fleuve	نهر
Kayak	كاياك
Lac	بحيرة
Marée	المد
Marin	بحار
Mât	سارية
Mer	بحر
Moteur	محرك
Nautique	بحري
Océan	محيط
Radeau	طوف
Vagues	أمواج
Voilier	مركب شراعي
Yacht	يخت

Bâtiments
المباني

Ambassade	السفارة
Appartement	شقة
Cabine	المقصورة
Château	قلعة
Cinéma	سينما
École	مدرسة
Garage	كراج
Grange	حظيرة
Hôpital	مستشفى
Hôtel	فندق
Laboratoire	مختبر
Musée	متحف
Observatoire	مرصد
Stade	ملعب
Supermarché	سوبر ماركت
Tente	خيمة
Théâtre	مسرح
Tour	برج
Université	جامعة
Usine	مصنع

Camping
عسكرة

Animaux	الحيوانات
Aventure	مغامرة
Boussole	بوصلة
Cabine	المقصورة
Canoë	الزورق
Carte	خريطة
Chapeau	قبعة
Chasse	الصيد
Corde	حبل
Équipement	معدات
Feu	نار
Forêt	غابة
Hamac	أرجوحة
Insecte	حشرة
Lac	بحيرة
Lanterne	فانوس
Lune	قمر
Montagne	جبل
Nature	طبيعة
Tente	خيمة

Chats
القطط

Affectueux	حنون
Chasseur	صياد
Curieux	فضولي
Dormir	نوم
Drôle	مضحك
Espiègle	لعوب
Fil	غزل
Fou	مجنون
Fourrure	فرو
Indépendant	مستقل
Patte	مخلب
Personnalité	شخصية
Peu	القليل
Queue	ذيل
Rapide	بسرعة
Sauvage	بري
Souris	فأر
Timide	خجول

Châteaux
القلاع

Armure	درع
Catapulte	المنجنيق
Cheval	حصان
Chevalier	فارس
Couronne	تاج
Donjon	زنزانة
Dragon	تنين
Dynastie	سلالة
Empire	إمبراطورية
Épée	سيف
Féodal	إقطاعي
Fossé	خندق
Mur	حائط
Noble	النبيل
Palais	قصر
Prince	أمير
Princesse	أميرة
Royaume	المملكة
Tour	برج

Chocolat
شوكولاتة

Amer	مر
Antioxydant	مضاد للأكسدة
Artisanal	الحرفي
Bonbon	حلويات
Cacao	الكاكاو
Caramel	كراميل
Délicieux	لذيذ
Doux	حلو
Exotique	غريب
Favori	مفضل
Goût	المذاق
Ingrédient	العنصر
Noix de Coco	جوز الهند
Poudre	مسحوق
Qualité	جودة
Recette	وصفة
Saveur	نكهة
Sucre	السكر

Cirque
سيرك

Acrobate	بهلوان
Animaux	الحيوانات
Ballons	بالونات
Billet	تذكرة
Clown	مهرج
Costume	زي
Divertir	ترفيه
Éléphant	الفيل
Jongleur	المحتال
Lion	أسد
Magicien	ساحر
Magie	سحر
Montrer	عرض
Musique	موسيقى
Parade	موكب
Singe	قرد
Spectaculaire	مذهل
Spectateur	المشاهد
Tente	خيمة
Tigre	نمر

Comédie
كوميديا

Acteur	الممثل
Actrice	ممثلة
Amusement	مرح
Applaudissement	تصفيق
Blagues	النكات
Clowns	المهرجين
Drôle	مضحك
Expressif	معبرة
Genre	النوع
Humour	فكاهة
Improvisation	الارتجال
Intelligent	ذكي
Parodie	محاكاة ساخرة
Public	الجمهور
Rire	ضحك
Télévision	تلفزيون
Théâtre	مسرح

Conduite
القيادة

Accident	حادث
Camion	شاحنة
Carburant	وقود
Carte	خريطة
Danger	خطر
Freins	فرامل
Garage	كراج
Gaz	غاز
Licence	رخصة
Moteur	محرك
Moto	دراجة نارية
Piéton	المشاة
Police	شرطة
Route	طريق
Sécurité	أمن
Trafic	حركة المرور
Transport	النقل
Tunnel	نفق
Vitesse	سرعة
Voiture	سيارة

Conservation
الحفظ

Bénévole	متطوع
Changements	التغييرات
Climat	مناخ
Cycle	دورة
Durable	مستدام
Eau	ماء
Environnemental	البيئة
Écosystème	النظام البيئي
Éducation	تعليم
Habitat	الموئل
Naturel	طبيعي
Organique	عضوي
Pesticide	مبيد الآفات
Pollution	التلوث
Recycler	إعادة التدوير
Réduire	خفض
Santé	الصحة
Vert	أخضر

Corps Humain
جسم الإنسان

Bouche	فم
Cerveau	دماغ
Cheville	كاحل
Cou	رقبة
Coude	كوع
Cœur	قلب
Doigt	إصبع
Estomac	المعدة
Épaule	كتف
Genou	ركبة
Lèvres	الشفاه
Main	دي
Mâchoire	فك
Menton	ذقن
Nez	أنف
Oreille	أذن
Peau	جلد
Sang	دم
Tête	رئيس
Visage	وجه

Couleurs
الألوان

Azur	أزور
Beige	بيج
Blanc	أبيض
Bleu	أزرق
Cramoisi	قرمزي
Cyan	أزرق سماوي
Fuchsia	فوشيا
Gris	رمادي
Indigo	نيلي
Jaune	أصفر
Marron	بني
Noir	أسود
Orange	برتقالي
Rose	وردي
Rouge	أحمر
Sépia	بني داكن
Vert	أخضر
Violet	أرجواني
Violet	بنفسج

Cuisine
خبطم

Baguettes	عيدان
Bol	وعاء
Bouilloire	غلاية
Congélateur	مجمد
Couteaux	سكاكين
Cruche	إبريق
Cuillères	الملاعق
Épices	توابل
Éponge	إسفنج
Four	فرن
Fourchettes	الشوك
Gril	شواية
Louche	مغرفة
Nourriture	طعام
Pot	جرة
Recette	وصفة
Réfrigérateur	ثلاجة
Serviette	منديل
Tablier	مئزر
Tasses	أكواب

Danse
الرقص

Académie	الأكاديمية
Art	فن
Chorégraphie	الكوريغرافيا
Classique	كلاسيكي
Corps	جثة
Culture	ثقافة
Culturel	ثقافي
Expressif	معبرة
Émotion	عاطفة
Grâce	نعمة
Joyeux	مرح
Mouvement	حركة
Musique	موسيقى
Partenaire	شريك
Posture	الموقف
Répétition	بروفة
Rythme	إيقاع
Saut	قفز
Traditionnel	تقليدي
Visuel	بصري

Dinosaures
الديناصورات

Ailes	أجنحة
Disparition	اختفاء
Espèce	الأنواع
Énorme	مخض
Évolution	تطور
Fossiles	الحفريات
Grand	كبير
Mammouth	الماموث
Omnivore	آكلة اللحوم
Préhistorique	قبل التاريخ
Proie	فريسة
Puissant	قوي
Queue	ذيل
Rapace	رابتور
Reptile	الزواحف
Taille	بحجم
Terre	أرض
Vicieux	وحشي

Disciplines Scientifiques
التخصصات العلمية

Anatomie	تشريح
Archéologie	علم الآثار
Astronomie	علم الفلك
Biologie	بيولوجيا
Botanique	علم النبات
Chimie	كيمياء
Écologie	علم البيئة
Géologie	جيولوجيا
Immunologie	علم المناعة
Kinésiologie	علم الحركة
Linguistique	لسانيات
Mécanique	ميكانيكا
Minéralogie	علم المعادن
Neurologie	علم الأعصاب
Nutrition	تغذية
Physiologie	فيزيولوجيا
Psychologie	علم النفس
Robotique	الروبوتات
Sociologie	علم الاجتماع
Zoologie	علم الحيوان

Eau
الماء

Canal	قناة
Douche	دش
Évaporation	تبخر
Fleuve	نهر
Gel	صقيع
Geyser	سخان
Glace	جليد
Humide	رطب
Humidité	رطوبة
Inondation	فيضان
Irrigation	الري
Lac	بحيرة
Neige	ثلج
Océan	محيط
Ouragan	إعصار
Pluie	مطر
Trempé	غارق
Vagues	أمواج
Vapeur	بخار

Escalade
التسلق

Altitude	ارتفاع
Atmosphère	الغلاف الجوي
Blessure	إصابة
Bottes	أحذية
Carte	خريطة
Casque	خوذة
Curiosité	الفضول
Défis	التحديات
Expert	خبير
Étroit	ضيق
Force	قوة
Formation	تدريب
Gants	قفازات
Grotte	كهف
Physique	بدني
Stabilité	استقرار
Terrain	التضاريس

Exploration
الاستكشاف

Activité	نشاط
Animaux	الحيوانات
Apprendre	ليتعلم
Courage	شجاعة
Cultures	الثقافات
Dangers	المخاطر
Découverte	اكتشاف
Détermination	عزم
Espace	فضاء
Excitation	الإثارة
Épuisement	نزف
Inconnu	غير معروف
Langue	لغة
Lointain	بعيد
Nouveau	الجديد
Sauvage	بري
Terrain	التضاريس
Voyage	السفر

Échecs
شطرنج

Adversaire	الخصم
Apprendre	ليتعلم
Blanc	أبيض
Champion	بطل
Concours	منافسة
Défis	التحديات
Diagonal	قطري
Intelligent	ذكي
Jeu	لعبة
Joueur	لاعب
Noir	أسود
Passif	مبني للمجهول
Points	النقاط
Reine	ملكة
Règles	قواعد
Roi	ملك
Sacrifice	تضحية
Stratégie	إستراتيجية
Temps	الوقت
Tournoi	مسابقة

École #1
المدرسة #1

Alphabet	الأبجدية
Amis	اصحاب
Amusement	مرح
Apprendre	ليتعلم
Bibliothèque	مكتبة
Bureau	مكتب
Chaise	كرسي
Crayon	قلم
Déjeuner	غداء
Dossiers	المجلدات
Enseignant	مدرس
Examens	الامتحانات
Livres	الكتب
Marqueurs	علامات
Math	الرياضيات
Nombres	الأرقام
Papier	ورق
Quiz	لغز
Réponses	الأجوبة
Salle de Classe	صف

École #2
المدرسة #2

Activités	أنشطة
Apprentissage	التعلم
Bibliothèque	مكتبة
Bus	حافلة
Calendrier	تقويم
Ciseaux	مقص
Crayon	قلم
Devoirs	واجب
Dictionnaire	قاموس
Enseignant	مدرس
Écriture	كتابة
Éducation	تعليم
Grammaire	قواعد
Jeux	ألعاب
Lecture	قراءة
Littérature	أدب
Livres	الكتب
Ordinateur	الحاسوب
Papier	ورق
Science	علم

Écologie
علم البيئة

Bénévoles	المتطوعون
Climat	مناخ
Communautés	مجتمعات
Diversité	تنوع
Durable	مستدام
Espèce	الأنواع
Faune	الحيوانات
Flore	النباتية
Habitat	الموئل
Marais	اهوار
Marin	البحرية
Montagnes	الجبال
Nature	طبيعة
Naturel	طبيعي
Plantes	نباتات
Ressources	الموارد
Sécheresse	جفاف
Survie	نجاة
Variété	نوع
Végétation	نبت

Émotions
العواطف

Amour	حب
Calme	هدوء
Colère	غضب
Contenu	محتوى
Embarrassé	محرج
Ennui	ملل
Excité	متحمس
Gentillesse	اللطف
Joie	مرح
Paix	سلام
Peur	خوف
Reconnaissant	شاكر
Satisfait	راض
Surprise	مفاجأة
Sympathie	ميل
Tendresse	حنان
Tranquillité	الهدوء
Tristesse	حزن

Épices
التوابل

Aigre	حامض
Ail	ثوم
Amer	مر
Anis	اليانسون
Cannelle	قرفة
Cardamome	حب الهال
Coriandre	كزبرة
Cumin	كمون
Curry	كاري
Fenouil	الشمرة
Gingembre	زنجبيل
Muscade	جوزة الطيب
Oignon	بصل
Paprika	فلفل أحمر
Poivre	فلفل
Réglisse	عرق السوس
Safran	زعفران
Saveur	نكهة
Sel	ملح
Vanille	فانيلا

Été
الصيف

Amis	اصحاب
Camping	تخييم
Étoiles	النجوم
Famille	أسرة
Jardin	حديقة
Jeux	ألعاب
Joie	مرح
Livres	الكتب
Loisir	الترفيه
Mer	بحر
Musique	موسيقى
Nager	للسباحة
Nourriture	طعام
Plage	شاطئ
Plongée	الغوص
Relaxation	استرخاء
Sandales	صندل
Vacances	عطلة
Voyage	السفر

Famille
عائلة

Ancêtre	سلف
Cousin	ابن عم
Enfance	مرحلة الطفولة
Enfant	طفل
Enfants	الأطفال
Femme	زوجة
Fille	ابنة
Frère	شقيق
Grand-Mère	جدة
Grand-Père	جد
Mari	الزوج
Maternel	الأم
Mère	أم
Neveu	ابن أخ
Oncle	العم
Paternel	الأب
Petit-Fils	حفيد
Père	أب
Soeur	أخت
Tante	عمة

Ferme #1
مزرعة #1

Abeille	نحلة
Agriculture	زراعة
Âne	حمار
Bison	الثور
Champ	حقل
Chat	قط
Cheval	حصان
Chèvre	ماعز
Chien	كلب
Clôture	سياج
Corbeau	غراب
Eau	ماء
Engrais	سماد
Foin	تبن
Miel	عسل
Poulet	دجاج
Riz	أرز
Troupeau	قطيع
Vache	بقرة
Veau	عجل

Ferme #2
مزرعة #2

Agriculteur	مزارع
Animaux	الحيوانات
Berger	الراعي
Blé	قمح
Canard	بطة
Fruit	فاكهة
Grange	حظيرة
Irrigation	الري
Lait	حليب
Lama	لهب
Légume	الخضروات
Maïs	حبوب ذرة
Mouton	خروف
Mûr	ناضج
Nourriture	طعام
Oies	أوز
Orge	شعير
Pré	مرج
Tracteur	جرار
Verger	بستان

Fleurs
زهور

Bouquet	باقة أزهار
Gardénia	جاردينيا
Hibiscus	الكركديه
Jasmin	ياسمين
Jonquille	النرجس البري
Lavande	خزامى
Lilas	أرجواني
Lys	زنبق
Magnolia	ماغنوليا
Marguerite	ديزي
Orchidée	السحلب
Passiflore	زهرة العاطفة
Pavot	الخشخاش
Pétale	البتلة
Pissenlit	الهندباء
Pivoine	الفاوانيا
Rose	وردة
Tournesol	عباد الشمس
Trèfle	نفل
Tulipe	توليب

Forêt Tropicale
الغابات المطيرة

Amphibiens	البرمائيات
Botanique	نباتي
Climat	مناخ
Communauté	ملة
Diversité	تنوع
Espèce	الأنواع
Indigène	أصلي
Insectes	الحشرات
Jungle	الغابة
Mammifères	الثدييات
Mousse	طحلب
Nature	طبيعة
Nuage	سحاب
Oiseaux	الطيور
Précieux	ذو قيمة
Préservation	حفظ
Refuge	ملجأ
Respect	احترام
Restauration	استعادة
Survie	نجاة

Formes
الأشكال

Arc	قوس
Bords	حواف
Carré	مربع
Cercle	دائرة
Coin	ركن
Courbe	منحنى
Cône	مخروط
Côté	الجانب
Cube	مكعب
Cylindre	اسطوانة
Hyperbole	القطع الزائد
Ligne	خط
Ovale	البيضاوي
Polygone	مضلع
Prisme	موشور
Pyramide	هرم
Rectangle	مستطيل
Rond	مستدير
Triangle	مثلث

Fournitures d'Art
لوازم الفن

Acrylique	أكريليك
Aquarelles	ألوان مائية
Argile	طين
Brosses	فرش
Caméra	كاميرا
Chaise	كرسي
Charbon	فحم
Chevalet	الحامل
Colle	صمغ
Couleurs	الألوان
Crayons	أقلام الرصاص
Créativité	إبداع
Eau	ماء
Encre	حبر
Gomme	ممحاة
Huile	نفط
Idées	الأفكار
Papier	ورق
Pastels	الباستيل
Table	طاولة

Fruit
فاكهة

Abricot	مشمش
Ananas	أناناس
Avocat	أفوكادو
Baie	بيري
Banane	موز
Cantaloup	الشمام
Cerise	كرز
Citron	ليمون
Figue	تين
Framboise	توت العليق
Kiwi	كيوي
Mangue	مانجو
Melon	شمام
Orange	برتقالي
Papaye	بابايا
Pêche	خوخ
Poire	كمثرى
Pomme	تفاح
Prune	برقوق
Raisin	عنب

Gentillesse
اللطف

Affectueux	حنون
Aimant	محب
Amical	ودي
Attentif	منتبه
Authentique	أصلي
Compatissant	رحيم
Compréhension	فهم
Doux	لطيف
Fiable	موثوق به
Généreux	كريم
Heureux	سعيد
Honnête	صادق
Hospitalier	مضياف
Patient	صبور
Respectueux	محترم
Réceptif	تقبل
Tolérant	متسامح
Utile	مفيد

Géographie
الجغرافيا

Altitude	ارتفاع
Atlas	أطلس
Carte	خريطة
Continent	قارة
Équateur	خط الاستواء
Fleuve	نهر
Île	جزيرة
Latitude	خط العرض
Longitude	خط الطول
Mer	بحر
Méridien	ميريديان
Monde	العالمية
Montagne	جبل
Nord	شمال
Océan	محيط
Ouest	غرب
Pays	بلد
Région	منطقة
Sud	جنوب
Ville	مدينة

Géologie
جيولوجيا

Acide	حمض
Calcium	الكالسيوم
Caverne	كهف
Continent	قارة
Corail	المرجان
Couche	طبقة
Cristaux	بلورات
Érosion	تآكل
Fondu	مولتن
Fossile	حفرية
Geyser	سخان
Lave	الحمم
Minéraux	المعادن
Pierre	حجر
Plateau	هضبة
Quartz	مرو
Sel	ملح
Stalagmites	الصواعد
Volcan	بركان
Zone	منطقة

Herboristerie
الأعشاب

Ail	ثوم
Aromatique	عطري
Basilic	ريحان
Bénéfique	مفيد
Culinaire	الطهي
Estragon	الطرخون
Fenouil	الشمرة
Fleur	زهرة
Ingrédient	العنصر
Jardin	حديقة
Lavande	خزامى
Marjolaine	مردقوش
Menthe	نعناع
Persil	بقدونس
Qualité	جودة
Romarin	إكليل الجبل
Safran	زعفران
Saveur	نكهة
Thym	زعتر
Vert	أخضر

Insectes
الحشرات

Abeille	نحلة
Cafard	صرصور
Cigale	الزيز
Coccinelle	الخنفساء
Criquet	جرادة
Fourmi	نملة
Frelon	الدبور
Guêpe	دبور
Larve	يرقة
Libellule	اليعسوب
Mante	فرس النبي
Moucheron	بعوضة
Moustique	البعوض
Papillon	فراشة
Puce	برغوث
Puceron	المن
Sauterelle	جندب
Scarabée	خنفساء
Termite	أرضة
Ver	دودة

Instruments de Musique
آلات موسيقية

Banjo	البانجو
Basson	باسون
Clarinette	مزمار
Flûte	ناي
Gong	سووقان
Guitare	قيثارة
Harmonica	هارمونيكا
Harpe	جنك
Hautbois	المزمار
Mandoline	مندولين
Marimba	ماريمبا
Percussion	قرع
Piano	بيانو
Saxophone	ساكسفون
Tambour	طبل
Tambourin	دف صغير
Trombone	الترومبون
Trompette	بوق
Violon	كمان
Violoncelle	التشيلو

Jardin
حديقة

Arbre	شجرة
Banc	مقعد
Buisson	شوب
Clôture	سياج
Étang	بركة
Fleur	زهرة
Garage	جارك
Hamac	أرجوحة
Herbe	عشب
Jardin	حديقة
Mauvaises Herbes	الأعشاب
Pelle	مجرفة
Porche	رواق
Râteau	أشعل النار
Sol	تربة
Terrasse	مصطبة
Trampoline	الترامبولين
Tuyau	خرطوم
Verger	بستان
Vigne	كرمة

Jouets
ألعاب

Argile	طين
Artisanat	الحرف
Avion	طائرة
Balle	كرة
Bateau	قارب
Camion	شاحنة
Cerf-Volant	طائرة ورقية
Échecs	شطرنج
Favori	مفضل
Imagination	خيال
Jeux	ألعاب
Livres	الكتب
Peinture	الدهانات
Poupée	دمية
Puzzle	لغز
Robot	روبوت
Tambours	الطبول
Train	قطار
Vélo	دراجة
Voiture	سيارة

Jours et Mois
الأيام والأشهر

Août	أغسطس
Avril	أبريل
Calendrier	تقويم
Dimanche	الأحد
Février	فبراير
Janvier	يناير
Jeudi	الخميس
Juillet	يوليو
Juin	يونيو
Lundi	الاثنين
Mardi	الثلاثاء
Mars	مارس
Mercredi	الأربعاء
Mois	شهر
Novembre	نوفمبر
Octobre	أكتوبر
Samedi	السبت
Semaine	أسبوع
Septembre	سبتمبر
Vendredi	الجمعة

Les Abeilles
النحل

Ailes	أجنحة
Bénéfique	مفيد
Cire	شمع
Diversité	تنوع
Essaim	سرب
Écosystème	النظام البيئي
Fleur	زهر
Fleurs	الزهور
Fruit	فاكهة
Fumée	دخان
Habitat	الموئل
Insecte	حشرة
Jardin	حديقة
Miel	عسل
Nourriture	طعام
Plantes	نباتات
Pollen	لقاح
Reine	ملكة
Ruche	خلية
Soleil	شمس

Légumes
خضروات

Ail	ثوم
Artichaut	خرشوف
Aubergine	باذنجان
Brocoli	بروكلي
Carotte	جزر
Céleri	كرفس
Champignon	فطر
Citrouille	يقطين
Concombre	خيار
Échalote	الكراث
Épinard	سبانخ
Gingembre	زنجبيل
Navet	لفت
Oignon	بصل
Olive	زيتون
Persil	بقدونس
Pois	البازلاء
Radis	فجل
Salade	سلطة
Tomate	طماطم

Littérature
الأدب

Analogie	القياس
Analyse	تحليل
Anecdote	حكاية
Auteur	مؤلف
Comparaison	مقارنة
Conclusion	استنتاج
Description	وصف
Dialogue	حوار
Fiction	خيال
Métaphore	استعارة
Narrateur	الراوي
Opinion	رأي
Poème	قصيدة
Poétique	شعري
Rime	قافية
Roman	رواية
Rythme	إيقاع
Style	نمط
Thème	موضوع
Tragédie	مأساة

Livres
كتب

Auteur	مؤلف
Aventure	مغامرة
Collection	مجموعة
Contexte	سياق الكلام
Dualité	الازدواجية
Épique	ملحمة
Histoire	قصة
Historique	تاريخي
Humoristique	روح الدعابة
Inventif	مبدع
Lecteur	قارئ
Littéraire	أدبي
Narrateur	الراوي
Page	صفحة
Pertinent	ذات الصلة
Poème	قصيدة
Poésie	شعر
Roman	رواية
Série	سلسلة
Tragique	مأساوي

Maison
منزل

Balai	مكنسة
Bibliothèque	مكتبة
Chambre	غرفة
Cheminée	مدفأة
Clés	مفاتيح
Clôture	سياج
Cuisine	مطبخ
Douche	دش
Fenêtre	نافذة
Garage	كراج
Grenier	علبة
Jardin	حديقة
Lampe	مصباح
Miroir	مرآة
Mur	حائط
Porte	باب
Rideaux	ستائر
Sous-Sol	قبو
Tapis	سجادة
Toit	سقف

Mammifères
الثدييات

Baleine	حوت
Chat	قط
Cheval	حصان
Chien	كلب
Coyote	ذئب البراري
Dauphin	دولفين
Éléphant	الفيل
Girafe	زرافة
Gorille	الغوريلا
Kangourou	كنغر
Lapin	أرنب
Lion	أسد
Loup	ذئب
Mouton	خروف
Ours	يتحمل
Renard	فوكس
Singe	قرد
Taureau	ثور
Tigre	نمر
Zèbre	حمار وحشي

Mathématiques
الرياضيات

Angles	زوايا
Arithmétique	حساب
Carré	مربع
Circonférence	محيط
Degrés	درجات
Décimal	عشري
Diamètre	قطر
Exposant	أس
Équation	معادلة
Fraction	جزء
Géométrie	هندسة
Nombres	الأرقام
Parallèle	موازى
Perpendiculaire	عمودي
Polygone	مضلع
Rectangle	مستطيل
Somme	مجموع
Symétrie	تناظر
Triangle	مثلث
Volume	الصوت

Mesures
القياسات

Centimètre	سنتيمتر
Degré	درجة
Décimal	عشري
Gramme	غرام
Hauteur	ارتفاع
Kilogramme	كيلوغرام
Kilomètre	كيلومتر
Largeur	عرض
Litre	لتر
Longueur	الطول
Masse	كتلة
Mètre	متر
Minute	دقيقة
Octet	بايت
Once	أوقية
Poids	وزن
Pouce	بوصة
Profondeur	عمق
Tonne	طن
Volume	الصوت

Méditation
التأمل

Acceptation	قبول
Attention	انتباه
Calme	هدوء
Clarté	وضوح
Compassion	عطف
Émotions	العواطف
Éveillé	مستيقظ
Gentillesse	اللطف
Gratitude	شكر
Habitudes	العادات
Mental	عقلي
Mouvement	حركة
Musique	موسيقى
Nature	طبيعة
Observation	المراقبة
Paix	سلام
Perspective	المنظور
Posture	الموقف
Respiration	التنفس
Silence	الصمت

Météo
الطقس

Arc-En-Ciel	قوس قزح
Atmosphère	الغلاف الجوي
Brise	نسيم
Brouillard	الضباب
Calme	هدوء
Ciel	سماء
Climat	مناخ
Glace	جليد
Humide	رطب
Inondation	فيضان
Nuage	سحابة
Polaire	قطبي
Sec	جاف
Sécheresse	جفاف
Température	درجة الحرارة
Tempête	عاصفة
Tonnerre	الرعد
Tornade	إعصار
Tropical	استوائي
Vent	ريح

Mythologie
الميثولوجيا

Catastrophe	كارثة
Comportement	سلوك
Création	خلق
Créature	مخلوق
Croyances	المعتقدات
Culture	ثقافة
Éclair	برق
Force	قوة
Guerrier	محارب
Héroïne	بطلة
Héros	بطل
Immortalité	خلود
Jalousie	الغيرة
Labyrinthe	متاهة
Légende	أسطورة
Magique	سحري
Monstre	مسخ
Mortel	مميت
Tonnerre	رعد
Vengeance	انتقام

Nature
الطبيعة

Abeilles	النحل
Abri	مأوى
Animaux	الحيوانات
Arctique	القطب الشمالي
Beauté	جمال
Brouillard	ضباب
Désert	صحراء
Dynamique	متحرك
Érosion	تآكل
Feuillage	أوراق الشجر
Fleuve	نهر
Forêt	غابة
Glacier	مثلجة
Nuage	سحاب
Paisible	سلمي
Sanctuaire	ملاذ
Sauvage	بري
Serein	هادئ
Tropical	استوائي
Vital	حيوي

Nombres
أرقام

Cinq	خمسة
Deux	اثنان
Décimal	عشري
Dix	عشرة
Dix-Huit	ثمانية عشر
Dix-Neuf	تسعة عشر
Dix-Sept	سبعة عشر
Douze	اثنا عشر
Huit	ثمانية
Neuf	تسعة
Quatorze	أربعة عشر
Quatre	أربعة
Quinze	خمسة عشر
Seize	ستة عشر
Sept	سبعة
Six	ستة
Treize	ثلاثة عشر
Trois	ثلاثة
Vingt	عشرون
Zéro	صفر

Nourriture #1
الغذاء #1

Ail	ثوم
Basilic	ريحان
Café	قهوة
Cannelle	قرفة
Carotte	جزر
Citron	ليمون
Épinard	سبانخ
Fraise	فراولة
Jus	عصير
Lait	حليب
Navet	لفت
Oignon	بصل
Orge	شعير
Poire	كمثرى
Salade	سلطة
Sel	ملح
Soupe	حساء
Sucre	السكر
Thon	تونة
Viande	لحم

Nourriture #2
الغذاء #2

Amande	لوز
Aubergine	باذنجان
Banane	موز
Blé	قمح
Brocoli	بروكلي
Cerise	كرز
Céleri	كرفس
Champignon	فطر
Chocolat	شوكولاتة
Jambon	لحم الخنزير
Kiwi	كيوي
Mangue	مانجو
Oeuf	بيضة
Pain	خبز
Poisson	سمك
Pomme	تفاح
Poulet	دجاج
Raisin	عنب
Riz	أرز
Tomate	طماطم

Nutrition
التغذية

Amer	مر
Appétit	شهية
Comestible	صالح للأكل
Diète	حمية
Digestion	هضم
Épices	توابل
Équilibré	متوازن
Fermentation	تخمير
Glucides	الكربوهيدرات
Ingrédients	مكونات
Liquides	سوائل
Poids	وزن
Protéines	البروتينات
Qualité	جودة
Sain	صحي
Santé	الصحة
Sauce	صلصة
Saveur	نكهة
Toxine	سم
Vitamine	فيتامين

Océan
محيط

Algue	الطحالب
Anguille	ثعبان
Baleine	حوت
Bateau	قارب
Corail	المرجان
Crabe	سرطان
Crevette	جمبري
Dauphin	دولفين
Éponge	إسفنج
Huître	محار
Marées	المد والجزر
Méduse	قنديل البحر
Poisson	سمك
Poulpe	أخطبوط
Requin	قرش
Sel	ملح
Tempête	عاصفة
Thon	تونة
Tortue	سلحفاة
Vagues	أمواج

Oiseaux
الطيور

Aigle	نسر
Autruche	نعامة
Canard	بطة
Cigogne	اللقلق
Colombe	حمامة
Corbeau	الغراب
Coucou	الوقواق
Cygne	بجعة
Flamant	نحام
Héron	هيرون
Manchot	البطريق
Moineau	عصفور
Mouette	نورس
Oeuf	بيضة
Oie	إوز
Paon	الطاووس
Perroquet	ببغاء
Pélican	البجع
Poulet	دجاج
Toucan	طوقان

Pays #2
البلدان #2

Albanie	ألبانيا
Chine	الصين
Danemark	الدنمارك
France	فرنسا
Haïti	هايتي
Indonésie	إندونيسيا
Irlande	أيرلندا
Jamaïque	جامايكا
Japon	اليابان
Kenya	كينيا
Laos	لاوس
Liban	لبنان
Mexique	المكسيك
Ouganda	أوغندا
Pakistan	باكستان
Russie	روسيا
Somalie	الصومال
Soudan	السودان
Syrie	سوريا
Ukraine	أوكرانيا

Paysages
المناظر الطبيعية

Cascade	شلال
Colline	تل
Désert	صحراء
Estuaire	مصب
Fleuve	نهر
Geyser	سخان
Glacier	مثلجة
Grotte	كهف
Iceberg	جبل جليد
Île	جزيرة
Lac	بحيرة
Marais	مستنقع
Mer	بحر
Montagne	جبل
Oasis	واحة
Péninsule	شبه جزيرة
Plage	شاطئ
Toundra	تندرا
Vallée	وادي
Volcan	بركان

Pêche

صيد الأسماك

Appât	طعم
Bateau	قارب
Branchies	خياشيم
Crochet	خطاف
Eau	ماء
Exagération	مبالغة
Équipement	معدات
Fil	سلك
Fleuve	نهر
Lac	بحيرة
Mâchoire	فك
Océan	محيط
Panier	سلة
Patience	صبر
Plage	شاطئ
Poids	وزن
Saison	الموسم

Pirates

قراصنة

Ancre	مرساة
Aventure	مغامرة
Capitaine	كابتن
Carte	خريطة
Cicatrice	ندبة
Danger	خطر
Drapeau	علم
Épée	سيف
Équipage	طاقم
Grotte	كهف
Île	جزيرة
Légende	أسطورة
Mauvais	سيء
Océan	محيط
Or	ذهب
Perroquet	ببغاء
Pièces	عملات معدنية
Plage	شاطئ
Rhum	رم
Trésor	كنز

Plage

شاطئ بحر

Bateau	قارب
Bleu	أزرق
Coquilles	اصداف
Côte	ساحل
Crabe	سرطان
Dock	رصيف
Île	جزيرة
Lagune	لاجون
Mer	بحر
Nager	للسباحة
Océan	محيط
Parapluie	مظلة
Sable	رمل
Sandales	صنادل
Serviette	منشفة
Soleil	شمس
Vacances	عطلة
Voilier	مركب شراعي

Plantes

النباتات

Arbre	شجرة
Baie	بيري
Bambou	بامبو
Botanique	علم النبات
Buisson	شوب
Cactus	صبار
Engrais	سماد
Feuillage	أوراق الشجر
Fleur	زهرة
Flore	النباتية
Forêt	غابة
Grandir	تنمو
Haricot	فاصوليا
Herbe	عشب
Jardin	حديقة
Lierre	لبلاب
Mousse	طحلب
Pétale	البتلة
Racine	جذر
Végétation	نبت

Professions #1

المهن #1

Ambassadeur	سفير
Artiste	فنان
Astronome	فلكي
Avocat	محامي
Banquier	مصرفي
Bijoutier	صائغ
Cartographe	رسام خرائط
Chasseur	صياد
Danseur	راقصة
Entraîneur	مدرب
Éditeur	محرر
Géologue	جيولوجي
Infirmière	ممرض
Médecin	طبيب
Pianiste	عازف البيانو
Plombier	سباك
Pompier	رجال الاطفاء
Psychologue	علم النفس
Scientifique	عالم
Vétérinaire	طبيب بيطري

Professions #2

المهن #2

Astronaute	رائد فضاء
Bibliothécaire	أمين المكتبة
Biologiste	أحيائي
Chercheur	باحث
Chirurgien	جراح
Dentiste	طبيب أسنان
Détective	محقق
Enseignant	مدرس
Illustrateur	المصور
Ingénieur	مهندس
Inventeur	مخترع
Jardinier	بستاني
Journaliste	صحفي
Linguiste	لغوي
Médecin	طبيب
Peintre	دهان
Philosophe	فيلسوف
Pilote	طيار
Professeur	أستاذ
Zoologiste	عالم الحيوان

Randonnée
التنزه

Animaux	الحيوانات
Bottes	أحذية
Camping	تخييم
Carte	خريطة
Climat	مناخ
Dangers	المخاطر
Eau	ماء
Falaise	جرف
Fatigué	متعب
Lourd	ثقيل
Météo	طقس
Montagne	جبل
Nature	طبيعة
Orientation	اتجاه
Parcs	الحدائق
Pierres	الحجارة
Préparation	تحضير
Sauvage	بري
Soleil	شمس
Sommet	قمة

Remplir
للتعبئة

Baril	برميل
Bassin	حوض
Boîte	علبة
Bouteille	زجاجة
Caisse	قفص
Carton	كرتون
Dossier	مجلد
Enveloppe	مغلف
Navire	وعاء
Panier	سلة
Paquet	حزمة
Plateau	صينية
Poche	جيب
Pot	جرة
Sac	كيس
Seau	دلو
Tiroir	الدرج
Tube	أنبوب
Valise	حقيبة سفر
Vase	زهرية

Restaurant #1
مطعم #1

Allergie	حساسية
Assiette	طبق
Bol	وعاء
Café	قهوة
Caissier	صراف
Couteau	سكين
Cuisine	مطبخ
Dessert	حلوى
Épicé	حار
Ingrédients	مكونات
Menu	قائمة
Nourriture	طعام
Pain	خبز
Poulet	دجاج
Réservation	حجز
Sauce	صلصة
Serveuse	نادلة
Serviette	منديل
Viande	لحم

Restaurant #2
مطعم رقم 2

Boisson	مشروب
Chaise	كرسي
Cuillère	ملعقة
Déjeuner	غداء
Délicieux	لذيذ
Dîner	عشاء
Eau	ماء
Épices	توابل
Fourchette	شوكة
Fruit	فاكهة
Gâteau	كيك
Glace	جليد
Légumes	خضروات
Nouilles	المعكرونة
Oeuf	بيض
Poisson	سمك
Salade	سلطة
Sel	ملح
Serveur	النادل
Soupe	حساء

Science
العلوم

Atome	ذرة
Climat	مناخ
Données	البيانات
Expérience	تجربة
Évolution	تطور
Fait	حقيقة
Fossile	حفرية
Gravité	جاذبية
Hypothèse	فرضية
Laboratoire	مختبر
Méthode	طريقة
Minéraux	المعادن
Molécules	جزيئات
Nature	طبيعة
Observation	المراقبة
Particules	الجسيمات
Physique	الفيزياء
Plantes	نباتات
Scientifique	عالم

Science-Fiction
الخيال العلمي

Atomique	ذري
Cinéma	سينما
Explosion	انفجار
Extrême	متطرف
Fantastique	رائع
Feu	نار
Futuriste	مستقبلية
Illusion	وهم
Imaginaire	وهمي
Livres	الكتب
Lointain	بعيد
Monde	العالمية
Mystérieux	غامض
Oracle	وحي
Planète	كوكب
Réaliste	واقعي
Robots	الروبوتات
Scénario	السيناريو
Technologie	تقنية
Utopie	يوتوبيا

Sports
الرياضة

Arbitre	حكم
Athlète	رياضي
Base-Ball	بيسبول
Basket-Ball	كرة السلة
Championnat	بطولة
Entraîneur	مدرب
Équipe	فريق
Gagnant	الفائز
Golf	جولف
Gymnastique	رياضة بدنية
Hockey	هوكي
Jeu	لعبة
Joueur	لاعب
Mouvement	حركة
Nager	للسباحة
Stade	ملعب
Tennis	تنس
Vélo	دراجة

Surf
ركوب الأمواج

Amusement	مرح
Athlète	رياضي
Champion	بطل
Débutant	مبتدئ
Estomac	المعدة
Extrême	متطرف
Force	قوة
Foules	الحشود
Météo	طقس
Mousse	رغوة
Nager	للسباحة
Océan	محيط
Pagaie	مجداف
Plage	شاطئ
Populaire	شعبي
Style	نمط
Vague	موجة
Vitesse	سرعة

Technologie
تقنية

Affichage	عرض
Blog	مدونة
Caméra	كاميرا
Curseur	المؤشر
Données	البيانات
Écran	شاشة
Fichier	ملف
Internet	إنترنت
Logiciel	برمجيات
Message	رسالة
Navigateur	المتصفح
Numérique	رقمي
Octets	بايت
Ordinateur	الحاسوب
Police	خط
Recherche	بحث
Sécurité	أمن
Statistiques	الإحصاء
Virtuel	افتراضية
Virus	فيروس

Temps
الوقت

Année	سنة
Annuel	سنوي
Après	بعد
Aujourd'Hui	اليوم
Avant	قبل
Bientôt	قريبا
Calendrier	تقويم
Décennie	العقد
Futur	مستقبل
Heure	ساعة
Hier	أمس
Jour	يوم
Maintenant	الآن
Matin	صباح
Midi	وقت الظهيرة
Minute	دقيقة
Mois	شهر
Nuit	الليل
Semaine	أسبوع
Siècle	قرن

Types de Cheveux
أنواع الشعر

Argent	فضة
Blanc	أبيض
Blond	أشقر
Boucles	تجعيد الشعر
Brillant	لامع
Chauve	أصلع
Coloré	ملون
Court	قصيرة
Doux	ناعم
Épais	سميك
Frisé	مجعد
Gris	رمادي
Long	طويل
Marron	بني
Mince	رقيق
Noir	أسود
Ondulé	متموج
Sain	صحي
Sec	جاف
Tressé	مضفر

Vacances #2
عطلة #2

Aéroport	مطار
Camping	تخييم
Carte	خريطة
Destination	وجهة
Étranger	أجنبي
Hôtel	فندق
Île	جزيرة
Loisir	الترفيه
Mer	بحر
Passeport	جواز سفر
Plage	شاطئ
Restaurant	مطعم
Réservations	التحفظات
Taxi	تاكسي
Tente	خيمة
Train	قطار
Transport	النقل
Vacances	عطلة
Visa	تأشيرة
Voyage	رحلة

Vertus #1
الفضائل #1

Artistique	فني
Bon	حسن
Charmant	ساحر
Curieux	فضولي
Décisif	حاسم
Drôle	مضحك
Efficace	فعالة
Fiable	موثوق به
Généreux	كريم
Imaginatif	الخيال
Indépendant	مستقل
Intelligent	ذكي
Modeste	متواضع
Passionné	عاطفي
Patient	صبور
Pratique	عملي
Propre	نظيف
Sage	حكيم
Utile	مفيد

Véhicules
المركبات

Ambulance	سيارة إسعاف
Avion	طائرة
Bateau	قارب
Bus	حافلة
Camion	شاحنة
Caravane	قافلة
Ferry	العبارة
Fusée	صاروخ
Hélicoptère	هليكوبتر
Métro	مترو
Moteur	محرك
Navette	المكوك
Pneus	الإطارات
Radeau	طوف
Scooter	سكوتر
Sous-Marin	غواصة
Taxi	تاكسي
Tracteur	جرار
Vélo	دراجة
Voiture	سيارة

Vêtements
ملابس

Bracelet	سوار
Ceinture	حزام
Chapeau	قبعة
Chaussure	حذاء
Chemise	قميص
Chemisier	بلوزة
Collier	قلادة
Foulard	وشاح
Gants	قفازات
Jeans	جينز
Jupe	تنورة
Manteau	معطف
Mode	موضة
Pantalon	سروال
Pull	سترة
Pyjama	لباس نوم
Robe	فستان
Sandales	صندل
Tablier	مئزر
Veste	السترة

Ville
مدينة

Aéroport	مطار
Banque	بنك
Bibliothèque	مكتبة
Boulangerie	مخبز
Cinéma	سينما
Clinique	عيادة
École	مدرسة
Fleuriste	منسق زهور
Galerie	معرض
Hôtel	فندق
Marché	سوق
Musée	متحف
Pharmacie	صيدلية
Restaurant	مطعم
Salon	صالون
Stade	ملعب
Supermarché	سوبر ماركت
Théâtre	مسرح
Université	جامعة
Zoo	حديقة حيوان

Félicitations

Vous avez réussi !

Nous espérons que vous avez apprécié ce livre autant que nous avons pris plaisir à le concevoir. Nous faisons de notre mieux pour créer des livres de la meilleure qualité possible.
Cette édition est conçue pour permettre un apprentissage intelligent et de qualité en se divertissant !

Vous avez aimé ce livre ?

Une Simple Demande

Nos livres existent grâce aux avis que vous publiez. Pourriez-vous nous aider en laissant un avis maintenant ?

Voici un lien rapide qui vous mènera à votre
page d'évaluation de vos commandes :

BestBooksActivity.com/Avis50

CHALLENGE FINAL !

Défi n°1

Êtes-vous prêt pour votre jeu bonus ? Nous les utilisons tout le temps mais ils ne sont pas si faciles à trouver. Voici les **Synonymes** !

Notez 5 mots que vous avez trouvés dans les puzzles notés ci-dessous (n°21, n°36, n°76) et essayez de trouver 2 synonymes pour chaque mot.

Notez 5 Mots du *Puzzle 21*

Mots	Synonyme 1	Synonyme 2

Notez 5 Mots du *Puzzle 36*

Mots	Synonyme 1	Synonyme 2

Notez 5 Mots du *Puzzle 76*

Mots	Synonyme 1	Synonyme 2

Défi n°2

Maintenant que vous vous êtes échauffé, notez 5 mots que vous avez découverts dans les Puzzles n° 9, n° 17, n° 25 et essayez de trouver 2 antonymes pour chaque mot. Combien pouvez-vous en trouver en 20 minutes ?

Notez 5 Mots du **Puzzle 9**

Mots	Antonyme 1	Antonyme 2

Notez 5 Mots du **Puzzle 17**

Mots	Antonyme 1	Antonyme 2

Notez 5 Mots du **Puzzle 25**

Mots	Antonyme 1	Antonyme 2

Défi n°3

Formidable ! Ce défi final n'est rien pour vous.

Prêt pour le dernier défi ? Choisissez 10 mots que vous avez découverts parmi les différents puzzles et notez-les ci-dessous.

1.	6.
2.	7.
3.	8.
4.	9.
5.	10.

Maintenant, composez un texte en pensant à une personne, un animal ou un lieu que vous aimez !

Astuce: Vous pouvez utiliser la dernière page de ce livre comme brouillon !

Votre Composition :

CARNET DE NOTES :

À TRÈS BIENTÔT !

Toute l'équipe

DECOUVREZ DES JEUX GRATUITS

GO

↓

BESTACTIVITYBOOKS.COM/FREEGAMES